Friedrich Kardinal Wetter

Hört und versteht!

Meditationen über den Glauben

Friedrich Kardinal Wetter

Hört und versteht!

Meditationen über den Glauben

eos

Umschlagsmotiv:
Helmut Kästl, Ankunft des Lichtes,
Glasfenster in der Kapelle des Mutterhauses
der Barmherzigen Schwestern, München

www.eos-books.com
mail@eos-books.com

ISBN 978-3-8306-7974-5

Bibliographische Informationen der Deutschen Bibliothek
Die Deutsche Bibliothek verzeichnet diese Publikation
in der Deutschen Nationalbibliografie;
detaillierte bibliografische Angaben
sind im Internet über http://dnb.ddb.de abrufbar.

Druck und Bindung: EOS-Druck Sankt Ottilien
Gedruckt auf alterungsbeständigem Papier
Printed in Germany

Vorwort

„Verstehst du auch, was du liest?" (Apg 8,30), fragte Philippus den Kämmerer der äthiopischen Königin Kandake. Der las auf seinem Heimweg von Jerusalem im Buch des Propheten Jesaja, doch er verstand nicht, von wem der Prophet sprach. Der Glaube will nicht blind sein, er will wissen und verstehen, was er glaubt.

Was wir glauben, können wir am besten erkennen an den Geheimnissen, die wir an den großen Festen des Kirchenjahres feiern. In diesem Buch werden Meditationen vorgelegt, die auf Predigten der letzten Jahre zurückgehen. Sie können uns helfen, den Glauben der Kirche, unseren Glauben besser zu verstehen.

Sie mögen Freude am Glauben wecken und uns bewusst werden lassen, aus welcher Quelle wir leben, wie reich uns Gott beschenkt und wohin der Pilgerweg unseres Lebens führt.

München, Pfingsten 2019
Kardinal Friedrich Wetter

Inhaltsverzeichnis

III. Zum Pfingstfest

IV. Sommerliche hohe Feste

I.

Zum Weihnachtsfest

1.
Das bleibende Geheimnis der Weihnacht

„Die Gnade Gottes ist erschienen, um alle Menschen zu retten“ (Tit 2,11). Mit diesem Wort des Apostels wird in der Lesung der Heiligen Nacht das Weihnachtsgeheimnis verkündet. Die Gnade Gottes, die erschienen ist, ist das Kind in der Krippe. Die Gnade Gottes ist nicht etwas, eine Sache, sondern eine Person, Jesus. In dem Kind von Bethlehem wird Gottes Liebe zu uns Menschen sichtbar, ja noch mehr, in diesem Kind ist Gottes Liebe Mensch geworden. „Gott ist Liebe“ (1 Joh 4,8). Sie ist in Jesus Christus Mensch geworden, geboren aus Maria der Jungfrau, „um alle Menschen zu retten“, wie der Apostel sagt. Diese göttliche Rettungstat besteht darin, dass Gott seine Liebe in Jesus an uns verschenkt.

Gottes Liebe, sichtbar geworden in diesem Kind, ist sogar mit Händen zu fassen. Und Herodes zeigt uns, dass man sie sogar verfolgen kann, um sie zu töten.

Im Festtagsevangelium wird das Geheimnis der Hl. Nacht auf andere Weise ausgesagt: „Das Wort ist Fleisch geworden und hat unter uns gewohnt“ (Joh 1,14). Wenn man den griechischen Urtext ganz wörtlich übersetzt, heißt das: er hat unter uns sein Zelt aufgeschlagen. Hat er dieses Zelt dann wieder abgebaut, als er am Ende seines irdischen Lebens zum Himmel auffuhr und zum Vater heimkehrte?

Jesus gibt uns die Antwort. Denn er hat uns versprochen: „Seht, ich bin bei euch alle Tage bis zum Ende der Welt" (Mt 28,20). Er ist gekommen, um bei uns zu bleiben.

Wo aber ist dann das Zelt, das er bei seiner Menschwerdung aufgeschlagen hat, heute zu sehen? Wo ist er zu finden? Wo können wir ihm begegnen?

Wir begegnen ihm in der lebendigen Kirche. Sie ist der Ort seiner bleibenden Gegenwart. Die Gemeinschaft seiner Jünger ist das sichtbare Zeichen, dass er da ist. „Wo zwei oder drei in meinem Namen versammelt sind, da bin ich mitten unter ihnen" (Mt 18,20). Dies erfahren wir täglich in der hl. Messe. Da ist er in unserer Mitte, und wir feiern mit ihm seinen Tod und seine Auferstehung.

Das Kommen des ewigen Gottessohnes als Mensch, das wir an Weihnachten feiern, wird nicht zurückgenommen, sein Menschsein unter uns geht weiter. Das Zelt, das er in der hl. Nacht aufgeschlagen hat, wird also nicht abgebrochen. Es bleibt bestehen für immer.

Die Kirche geht also hervor aus dem Geheimnis der Menschwerdung, die wir heute feiern. In der Kirche zeigt er uns, dass er auch heute der Immanuel ist, der Gott mit uns. Wir hören ihn, wenn im Gottesdienst das Wort Gottes vorgelesen und verkündet wird. Wir lassen uns von ihm beschenken, im Sakrament der Taufe mit seinem Leben, in der Firmung mit seinem Geist, im Sakrament der Buße mit seinem Erbarmen, durch das er unsere Sünden tilgt; im Empfang der hl. Kommunion schenkt er sich uns leibhaft als Speise und Trank, nicht etwas, sondern sich selbst.

Die erfahrbare Gegenwart des Sohnes Gottes in unserer Welt, die an Weihnachten begonnen hat, geht also weiter. In der Kirche bleibt er bei uns. Da finden wir ihn und in ihm die Gnade Gottes, das Heil.

Jesus ist gekommen, um alle Menschen zu retten. Darum muss das Kommen Jesu, das in Bethlehem begonnen hat, weitergehen. Dazu hat er die Kirche gestiftet. Durch sie soll die Gnade Gottes, die rettende Liebe Gottes, zu allen Menschen gelangen. Die Kirche ist, bildhaft gesprochen, die Hand, mit der Jesus sich an die Menschen verschenkt.

Wir aber müssen mithelfen, der Kirche eine glaubwürdige Gestalt zu geben, an der man die Gegenwart Christi in ihr auch wahrnehmen kann. Das ist vor allem die Aufgabe der Hirten der Kirche, die in ihrem Namen sprechen und handeln können. Sie sind als erste gefordert, der Kirche eine Gestalt zu geben, an der man spüren kann, dass Christus durch sie bei uns ist. Aber auch jeder von uns muss seinen Beitrag leisten. Denn wir alle gestalten und tragen das Leben der Kirche mit.

In diese Aufgabe sind wir also alle einbezogen. Denn auch wir selbst sind beschenkt mit der Gegenwart Christi. Dieses Geschenk dürfen wir weiterschenken. So geht Weihnachten in der Welt weiter.

Wir können das, weil Christus in uns wohnt. Denn wie der Apostel sagt, wohnt durch den Glauben Christus in unseren Herzen (Eph 3,17). In Bethlehem hat Maria das Jesuskind in die Krippe gelegt. Durch den Glauben haben wir ihn aufgenommen; da wurde er in unser Herz gelegt. Darum können Menschen durch uns mit Jesus in Berührung kommen, um ihn aufzunehmen.

Worum es dabei geht und was davon abhängt, sagt uns das Festtagsevangelium: „Allen aber, die ihn aufnahmen, gab er Macht, Kinder Gottes zu werden" (Joh 1,12). Indem wir die Gnade Gottes, die in Jesus erschienen und in seinem Menschsein greifbar geworden ist, aufnehmen, werden wir Kinder Gottes; wir nehmen teil an der Gottessohnschaft Jesu. Das ist das Geschenk, das uns Jesus durch seine Menschwerdung überbracht hat. Dieses Geschenk will er an alle austeilen.

Dieses Geschenk ist sichtbar geworden in seinem Menschsein. Um es weiterzuschenken, bedient er sich unseres Menschseins. Durch die Art, wie wir leben und den Menschen begegnen, sollen sie in Berührung mit Jesus kommen. Sein Licht und seine Wahrheit, sein Verzeihen, seine Freiheit und seine Güte sollen sie durch uns erfahren, damit sie sich ihm öffnen und ihn im Glauben aufnehmen, auch Kinder Gottes zu werden.

Um diesen Dienst für Christus an den Menschen leisten zu können, müssen wir uns selbst ständig darum bemühen, Christus aufzunehmen. Das ist keine einmalige Tat, das ist eine fortwährende Aufgabe, wie auch der Glaube sich nicht auf ein Glaubensbekenntnis beschränken darf, sondern gelebt werden muss als Grundhaltung unseres ganzen Daseins.

Der hl. Paulus benützt dazu einmal folgendes Bild: wir müssen Christus anziehen (Gal 3,27), gleichsam in ihn hineinschlüpfen. Mit dem Bild des Gewandes will der Apostel nicht sagen, dass man Christus mit anderem auswechseln kann, wie man das Hemd wechselt. Das Gegenteil will er sagen: wir sollen Christus so in uns aufnehmen und von ihm her das Leben gestalten, dass er an uns sichtbar wird. Dieses Sichtbar-Werden ist mit dem Gewand gemeint. Durch uns will er sichtbar werden und mit den Menschen in Berührung kommen.

Das Weihnachtsfest geht vorüber, doch was an Weihnachten geschehen ist, bleibt. Der Sohn Gottes ist Mensch geworden und hat unter uns sein Zelt aufgeschlagen. Er ist nicht zu Besuch gekommen, um wieder zu gehen. Er ist gekommen, um zu bleiben. Das Zelt seiner Gegenwart hat Bestand bis heute und wird weiter bestehen bis ans Ende der Zeit und sich in der Ewigkeit ausweiten als Himmel, in dem wir unsere ewige Wohnung finden. Jesus Christus ist die Gnade Gottes, die in Menschengestalt auf Erden erschienen ist, um alle zu retten. Das ist das Geheimnis der Weihnacht, das große Geschenk Gottes an uns.

Öffnen wir uns darum ihm im Glauben und lassen wir uns beschenken mit der in der hl. Nacht menschgewordenen Liebe Gottes, auf dass der Herr seine Liebe durch uns weiterschenken kann, um alle zu retten.

2.
Beginn der neuen Schöpfung

In der Christmette hören wir vom Kind, das in Windeln gewickelt in die Krippe gelegt wurde, und von den Engeln, die auf Bethlehems Fluren den Hirten die Botschaft von der Geburt des Heilandes verkündeten. In der Hirtenmesse verkündet uns das Evangelium, wie die Hirten nach Betlehem gehen und alles so finden, wie der Engel es ihnen gesagt hatte. Und im Festtagsevangelium von all dem kein Wort. Kein Kind in der Krippe, keine Engel, keine Hirten. Was ist das für ein Weihnachtsevangelium?

Es führt uns auch nicht nach Betlehem, sondern gleich zu Beginn an den Anfang der Welt, ja noch vor diesen Anfang. Denn das Evangelium beginnt mit den Worten „im Anfang". Genau so beginnt die Bibel mit dem Schöpfungsbericht: „Im Anfang schuf Gott Himmel und Erde" (Gn 1,1). Bevor die Welt entstand, war schon Gott. Er ist der Anfang. Er hat sie aus dem Nichts erschaffen.

Dorthin, vor den Beginn der Welt, führt uns auch unser Evangelium. Es beginnt: „Im Anfang war das

Wort, und das Wort war bei Gott, und Gott war das Wort" (Joh 1,1). Noch ehe die Welt erschaffen wurde, war Gott und bei ihm das Wort. Damit sagt uns das Evangelium, der Vater war nicht allein; bei ihm war das Wort, das ist der Sohn, der mit dem Vater der eine Gott ist, und das seit Ewigkeit. Durch das Wort, durch den Sohn, hat der Vater die Welt erschaffen.

Und dann kommt im Evangelium die unglaubliche Aussage: „Das Wort ist Fleisch geworden" (Joh 1,14). D. h. der ewige Gottessohn ist ein leibhafter Mensch geworden, wie wir hat er Hunger und Durst, lacht und weint, liebt und leidet, arbeitet und unterliegt der Mühsal des Erdendaseins und geht wie wir alle dem Tod entgegen.

„Das Wort ist Fleisch geworden". Mit dieser knappen Aussage verkündet uns das Evangelium, wer das Kind ist, das in Betlehem in Windeln gewickelt in der Krippe liegt. Es ist der Sohn Gottes. Hier liegt er als Kind in der Krippe. Er, durch den die Welt erschaffen wurde, ist nun mit seiner Menschwerdung selbst ein Stück dieser Welt geworden.

Es heißt dann weiter: „er hat unter uns gewohnt." Wörtlich heißt es: „er hat unter uns sein Zelt aufgeschlagen". In der Bibel hat das Zelt eine besondere Bedeutung. Als Israel aus Ägypten auszog, errichtete Mose auf Gottes Geheiß am Sinai ein Zelt, in dem Gott inmitten seines Volkes wohnte. In diesem Zelt zog Gottes Gegenwart mit dem Volk durch die Wüste ins verheißene Land. Die Israeliten wussten mit dem Zelt Gott stets in ihrer Mitte.

In Jerusalem errichtete Salomon den Tempel. Die Bundeslade, das Zeichen der Gegenwart Gottes im Zelt, brachte man in den Tempel, der von da an die Wohnung Gottes inmitten seines Volkes war. Wenn ein Jude den Tempel betrat, wusste er, hier stehe ich vor dem lebendigen Gott.

Diesen Tempel hat Jesus gereinigt, indem er die Händler und ihre Tiere hinausgestoßen hat. Als man ihn zur Rede stellte, antwortete er: „Reißt diesen Tempel nieder, in drei Tagen werde ich ihn wieder aufrichten." Der Evangelist erläutert dieses Wort und sagt: „Er meinte damit den Tempel seines Leibes" (Joh 2,13 – 22).

In seinem Leib, in seiner Menschennatur wohnt Gott leibhaft in unserer Mitte. Damit bringt Jesus zum Ausdruck, dass nun sein Leib der neue Tempel ist und der alte Tempel aus Steinen ausgedient hat. Das begann mit seiner Menschwerdung, und das feiern wir an Weihnachten. Wenn wir das Kind in der Krippe anschauen, sehen wir Gott in Menschengestalt unter uns.

Vor seinem Leiden bat Philippus Jesus: „Herr, zeig uns den Vater." Jesus antwortete: „Wer mich gesehen hat, hat den Vater gesehen" (Joh 14,8 f.). Was an Weihnachten mit der Menschwerdung begann, durchzieht das ganze Leben Jesu, von dem uns die Evangelien berichten. In allem, was Jesus spricht, hören wir den Vater. In allem, was Jesus tut, ist der Vater am Werk. Im Gesicht Jesu schaut uns der Vater an, auch schon im Gesicht des neugeborenen Kindes.

Jesus ist der Offenbarer des unsichtbaren Gottes, des Vaters. Der Sohn, „der Gott ist und am Herzen des Vaters ruht, er hat Kunde gebracht“ (Joh 1,18). In ihm, in seiner menschlichen Gestalt, wird der unsichtbare Gott sichtbar.

Das Evangelium führt uns auch noch tiefer in das Geheimnis der Menschwerdung hinein. Wir können in Jesus nicht nur Gott erkennen. Es sagt uns auch, was der menschgewordene Gottessohn für uns ist: „In ihm war das Leben und das Leben war das Licht der Menschen“ (Joh 1,4). Jesus ist für uns Licht und Leben.

Gott ist Leben in Fülle. Und das Leben Gottes ist Licht. Das Licht ist ein Bild für den unfassbaren und doch ganz nahen Gott. „Gott ist Licht, und keine Finsternis ist in ihm“ (1 Joh 1,5). Die lebendige Fülle des göttlichen Lebens ist nun in Jesus Christus auf unserer Erde gegenwärtig und uns allen zugänglich. Er ist die Quelle, aus der wir das Leben schöpfen, göttliches Leben. „Aus seiner Fülle haben wir alle empfangen, Gnade über Gnade“ (Joh 1,16) sagt der Evangelist. Alle Gnade, alles Heil kommt aus dieser Quelle.

Gott lädt uns ein, aus ihr zu schöpfen. Das tun wir durch den Glauben. Im Glauben greifen wir nach Jesus, um zu ihm zu gehören und an seinem Leben teilzuhaben. Bildlich können wir uns das so vorstellen: Mit dem Glauben strecken wir unsere Hand nach ihm aus, und er ergreift sie und holt uns hinein in die Fülle seines Lebens. Diese Möglichkeit wird uns eröffnet mit dem Fest, das wir heute feiern.

Ob wir zugreifen und uns an die Quelle des göttlichen Lebens führen lassen, hängt von uns ab, nämlich davon, dass wir glauben. Es genügt also nicht, dass Gottes Sohn Mensch geworden ist und unter uns sein Zelt aufgeschlagen hat und in unserer Mitte wohnt. Wir müssen ihn auch im Glauben aufnehmen, aus der Quelle das göttliche Leben schöpfen.

Das Evangelium zeigt auf, wie es dem menschgewordenen Gottessohn ergangen ist, und verkündet uns, was mit denen geschieht, die ihn gläubig aufnehmen: „Er war in der Welt, und die Welt ist durch ihn geworden, aber die Welt erkannte ihn nicht. Er kam in sein Eigentum, aber die Seinen nahmen ihn nicht auf. Allen aber, die ihn aufnahmen, gab er Macht, Kinder Gottes zu werden, allen, die an seinen Namen glauben, die nicht aus dem Blut, nicht aus dem Willen des Fleisches, nicht aus dem Willen des Mannes, sondern aus Gott geboren sind“ (Joh 1,10 – 13).

Jesus, der Sohn Gottes ist gekommen, damit wir ihn aufnehmen, teilhaben an seiner Sohnschaft und dadurch Kinder Gottes werden. Damit beginnt zugleich die neue Schöpfung.

Darauf weist uns der Evangelist hin, indem er beginnt: „Im Anfang“(Joh 1,11). Mit demselben Ausdruck beginnt die Bibel, die erste Schöpfung zu beschreiben. Damit stellt das Evangelium klar: Mit der Menschwerdung des Sohnes Gottes beginnt die neue Schöpfung. Gott wirkt sie nicht dadurch, dass er sie aus nichts erschafft, sondern dadurch, dass er uns zu sich holt und an seinem Leben teilnehmen lässt. Und am Ende wird auch die gesamte Schöpfung an der Herrlichkeit der Kinder Gottes teilnehmen (Röm 8,22) und in einen neuen Himmel und eine neue Erde verwandelt werden (Offb 21,1).

Das alles beginnt mit Jesus, dem Kind in der Krippe, von dem unser Evangelium sagt: Er ist „Gott und ruht am Herzen des Vaters“ (Joh 1,18). Das ist sein Platz, dort ist er zuhause, am Herzen des Vaters. Von dort ist er zu uns gekommen und Mensch geworden.

Dorthin, von wo er gekommen und wo er zuhause ist, nimmt er uns mit, an das Herz des himmlischen Vaters. Mit dem neugeborenen Kind in der Krippe hat das begonnen. Darum sagt Papst Franziskus in seinem Apostolischen Schreiben: Durch die Menschwerdung des Gottessohnes wird „jeder Mensch bis zum Herzen Gottes erhöht“ (EG 178).

Nehmen wir Jesus mit gläubigem Herzen auf, schöpfen wir aus seiner Fülle Gnade über Gnade und lassen wir uns von ihm erhöhen an das Herz des himmlischen Vaters.

3.
Die zweite Geburt

Wir feiern die Geburt Jesu in Bethlehem. Jesus Christus, der damals geboren wurde, ist Gottes Sohn. In Bethlehem wurde er als Mensch geboren. Das war bereits seine zweite Geburt. Seine erste Geburt als Sohn Gottes fand vor aller Zeit statt, in der Ewigkeit. Diese Geburt bekennen wir im Credo, wo es heißt: „Wir glauben an den einen Herrn Jesus Christus, Gottes eingeborenen Sohn, aus dem Vater geboren vor aller Zeit."

Durch diese erste Geburt aus dem Vater ist er Gottes Sohn, Gott wie der Vater. „Er ist Gott von Gott, Licht vom Licht, wahrer Gott vom wahren Gott, eines Wesens mit dem Vater." Durch die zweite Geburt aus der Jungfrau Maria ist er Mensch, ein Mensch wie wir, uns in allem gleich außer der Sünde.

Warum diese zweite Geburt, in der er Mensch wurde? Was hatte Gott vor, dass er seinen Sohn als einen Menschen zu uns in die Welt sandte? Das geschah unseretwegen. „Für uns Menschen und zu unserem Heil ist er vom Himmel gekommen, hat Fleisch angenommen durch den Heiligen Geist von der Jungfrau Maria und ist Mensch geworden."

Der Sohn Gottes ist Mensch geworden, um uns das Heil zu bringen. Der Sohn Gottes ist ein Menschenkind geworden, damit wir Menschenkinder Gotteskinder werden. Und das geschieht auch bei uns durch eine zweite Geburt.

Von dieser zweiten Geburt spricht Jesus zu Nikodemus. Er sagt, dass wir von neuem, von oben, also nochmals geboren werden müssen (Joh 3,3). Diese neue Geburt beginnt mit der Taufe. Doch das ist nur der Anfang. Vollendet wird diese Geburt mit dem Einzug in den Himmel. Darum bezeichnet die Kirche seit alter Zeit den Todestag als dies natalis, als Geburtstag. Anfang des 2. Jahrhunderts wurde Bischof Ignatius von Antiochia in Syrien zum Martyrium nach Rom gebracht. Unterwegs sandte er einen Brief an die Christen nach Rom ab. Darin schreibt er von seinem bevorstehenden Martertod: „Eine Geburt steht mir bevor. Dort bei Christus angekommen werde ich Mensch sein" (Röm 5,6). Dann erst ist unsere zweite Geburt und damit unsere Gotteskindschaft vollendet. Der hl. Johannes sagt, dass wir dann als Kinder Gottes dem Vater ähnlich sein werden und wir ihn sehen werden, wie er ist (1 Joh 3,2). Der ewige Gottessohn ist Mensch geworden, damit wir Menschenkinder Gotteskinder werden.

Die Geburt Jesu in Bethlehem ist dafür nur die Voraussetzung. Jetzt sind wir an der Reihe. Jetzt müssen wir ihn aufnehmen. Denn dazu ist er gekommen. „Allen aber, die ihn aufnahmen, gab er Macht, Kinder

Gottes zu werden, allen, die an seinen Namen glauben" (Joh 1,12).

Wir müssen Jesus in unser Leben hereinnehmen. Das tun wir durch den Glauben. Denn im Glauben halten wir uns fest an ihm, nehmen teil an seinem Leben. Das wird für uns greifbar und erfahrbar im Empfang der Eucharistie. Da empfangen wir Lebensgemeinschaft mit Christus. „Wer mein Fleisch isst und mein Blut trinkt, der bleibt in mir und ich bleibe in ihm" (Joh 6,56). Weil wir an seinem Leben teilhaben, erhalten wir Anteil an seiner Gottessohnschaft, wir werden Kinder Gottes und dürfen darum zu Gott, seinem Vater, ebenfalls Vater sagen.

Der Vorgang unserer zweiten Geburt dauert lange; er dauert unser ganzes Leben lang. Mit der Taufe hat er begonnen und wird erst mit unserem Eintritt in die Ewigkeit vollendet. Dann sind wir für immer hineingeboren in das ewige Leben bei Gott.

In dieser Zwischenzeit müssen wir zum Vollalter Christi heranwachsen, vergleichbar einem Kind, das im Schoß seiner Mutter heranwächst, bis es das Licht der Welt erblicken kann. Dieses Heranreifen vollziehen wir, indem wir Jesus nachfolgen, d. h. unser Leben nach seinem Vorbild gestalten, vor allem die Liebe üben, die uns Jesus vorgelebt hat bis zu seiner Hingabe am Kreuz. Diesen unseren Reifeprozess abzuschließen, ist Gottes Sache. Wie das Kind bei der Geburt das Dunkel des Mutterschoßes verlässt und das Licht der

Welt erblickt, verlassen wir bei der Vollendung unserer zweiten Geburt das Dunkel der vergänglichen Welt und erblicken unverhüllt das Licht Gottes und schauen ihn von Angesicht zu Angesicht. Dann wird offenbar, was es heißt, aus Gott geboren und Kind Gottes zu sein. Wir werden Gott ähnlich sein und ihn sehen, wie er ist (1 Joh 3,2).

Dazu setzt Gott den Anfang mit der Geburt Jesu, die wir an Weihnachten feiern. Da zeigt Gott nicht nur seine große Liebe zu uns, sondern zeigt uns auch, welche Würde wir als Menschen haben. In Jesu Geburt in Bethlehem, seiner zweiten Geburt, wird offenbar, der Mensch ist so wunderbar erschaffen, dass Gott ein Mensch werden kann, ohne dadurch seine göttliche Erhabenheit zu beschädigen. So groß ist die Würde, mit der Gott als Schöpfer uns Menschen ausgezeichnet hat. Und in unserer zweiten Geburt, durch die wir seine Kinder werden, macht er aufs Neue unsere Würde offenbar. So groß sind wir Menschen, dass wir Kinder Gottes werden und an seinem Leben teilnehmen können.

Diese Würde kommt allen zu, auch den Kleinsten, den Armen, Schwachen, Verachteten und Vergessenen. Nicht wir geben uns Menschen unsere Würde, Gott hat sie uns gegeben. Weihnachten ist das Fest der Menschwerdung des Sohnes Gottes und zugleich das Fest unserer Würde und wahren Größe. Daran erinnert Papst Leo der Große in einer Weihnachtspredigt mit dem Ruf: „Christ, erkenne deine Würde!"

Darum stellt uns unser Fest vor die Frage: Wie ist es heute um die Menschenwürde in der Welt bestellt? Unablässig hören wir von Krieg, Terror, Totschlag, Gewalt, Unterdrückung und Beraubung der Freiheit. Durch all das wird die Würde des Menschen schwer verletzt. Und die Täter werfen mit ihrem verderblichen Handeln ihre eigene Würde in den Schmutz.

Auch in Europa, wo es noch einigermaßen zivilisiert hergeht, steht die Würde des Menschen in Gefahr. Darum machte sie Papst Franziskus zum Thema bei seiner Rede in Straßburg. Er sagte: „Der Mensch ist in Gefahr, zu einem bloßen Räderwerk in einem Mechanismus herabgewürdigt zu werden, der ihn nach dem Maß eines zu gebrauchenden Konsumgutes behandelt. Es bestehen immer noch zu viele Situationen, in denen Menschen wie Objekte behandelt werden, deren Empfängnis, Gestaltung und Brauchbarkeit man programmieren und sie dann wegwerfen kann, wenn sie nicht mehr nützlich sind, weil sie schwach, krank oder alt geworden sind."

Das Heilmittel sieht der Papst in der Öffnung nach oben. „Ein Europa, das nicht mehr fähig ist, sich der transzendenten Dimension des Lebens zu öffnen, ist ein Europa, das in die Gefahr gerät, allmählich seine Seele zu verlieren."

Darum schauen wir auf zum Herrn, der für uns in einer zweiten Geburt ein Menschenkind geworden ist, damit auch wir in einer neuen, zweiten Geburt Gotteskinder werden. Wir danken ihm für die Würde, die er uns geschenkt hat. Wir danken nicht nur mit Worten, sondern auch mit unserem Leben, wie Papst Leo in seiner Weihnachtspredigt sagt: „Christ, erkenne deine Würde! Du bist der göttlichen Natur teilhaft geworden, kehre nicht zu der alten Erbärmlichkeit zurück und lebe nicht unter deiner Würde!“ Dazu ruft uns Weihnachten auf: „Leben wir nicht unter unserer Würde!“

4.
Wir haben seine Herrlichkeit geschaut

„Das Wort ist Fleisch geworden und hat unter uns gewohnt, und wir haben seine Herrlichkeit geschaut, die Herrlichkeit des einzigen Sohnes vom Vater“ (Joh 1,14). So wird uns im Evangelium das Geheimnis der Weihnacht verkündet. Wir haben seine Herrlichkeit geschaut, heißt es. Aber was war im Stall von Bethlehem an Herrlichkeit zu sehen?

Die Hirten fanden, wie es die Engel ihnen gesagt hatten, ein neugeborenes Kind, das in Windeln gewickelt in einer Futterkrippe liegt. Und den Weisen aus dem Morgenland ging es nicht anders. Sie fanden das Kind und seine Mutter. Das Kind ist, wie alle Neugeborenen, klein, schwach, hilflos; und dieses Kind ist auch noch arm. Da ist nichts von Herrlichkeit zu sehen.

Doch eines kann dieses kleine Kind schon, wie es alle Neugeborenen können: unsere Liebe wecken. Wenn wir ein kleines Kind anschauen, spüren wir Zuneigung und Liebe zu ihm. Aber das ist bereits die Antwort auf die zärtliche Liebe, die ein Kind ausstrahlt. Es wirbt um unsere Liebe. Diese Erfahrung machen wir bei jedem Kind.

Nicht anders erlebten es die Hirten, als sie das Jesuskind fanden. Liebe ging von ihm aus und erfasste sie. Doch die Liebe, die sie dabei erfuhren, war von besonderer Art. Denn dieses Kind in der Krippe ist Gottes Sohn, also Gott wie der Vater. In ihm wird Gott sichtbar. In diesem Kind offenbart sich Gott und zeigt uns: so bin ich. „Der Einzige, der Gott ist und am Herzen des Vaters ruht, er hat uns Kunde gebracht“ (Joh 1,18), heißt es im Evangelium.

Dazu ist der Sohn Gottes Mensch geworden, um uns Gott, den Vater zu zeigen. Schon in der Krippe beginnt er damit. Im liebenden Blick und Lächeln des Kindes wird offenbar, dass Gott uns liebt.

Diese Liebe ist die Herrlichkeit, die im Jesuskind zu sehen ist. Das ist ein neues Verständnis von Herrlichkeit. Gewöhnlich verstehen wir darunter Glanz, Hoheit, Macht, Ehre. Aber die Liebe Gottes, die im Kind in der Krippe sichtbar wird, ist unendlich schöner und größer und kostbarer als alles, was wir uns unter Herrlichkeit vorstellen. Seine Herrlichkeit ist die Macht seiner Liebe.

Diese göttliche Herrlichkeit, Gottes Liebe zu uns, zeigt sich schon in dem Neugeborenen, das in Windeln gewickelt in der Krippe liegt.

Und dieses Kind wächst und entfaltet sich. So entfaltet sich in ihm auch die Offenbarung der Liebe Gottes zu uns Menschen und wird sichtbar in Jesu Taten und Worten. Am Tag vor seinem Leiden bittet Philippus den Herrn: „Zeig uns den Vater!" Darauf antwortet ihm Jesus: „Wer mich gesehen hat, hat den Vater gesehen" (Joh 14,9). In allem, was Jesus getan und gesagt hat, wird Gottes Herrlichkeit, die Macht seiner Liebe, sichtbar.

Und diese Offenbarung findet ihre volle Entfaltung im Leiden und Sterben und in der Auferstehung Jesu. In der Todeshingabe Jesu zeigt sich, Gott schenkt uns nicht etwas von seiner Liebe, sondern er schenkt sich uns ganz. Im durchstochenen Herzen Jesu steht uns Gottes Herz offen. Dieser Tod ist nicht Schwäche und Untergang, sondern Sieg und Durchgang in die Auferstehung. Am Kreuz zeigt sich die siegreiche Liebe Gottes, und sie wird offenbar in der Auferstehung des Herrn. Darin offenbart uns Gott die Macht seiner Liebe, die allmächtig ist; so allmächtig, dass er auch ein kleines Kind werden kann, ja sogar an einem Kreuz sterben kann.

In den Armen, die uns das Kind in der Krippe entgegenstreckt, wie in den Armen, die Jesus am Kreuz ausspannt, offenbart uns Gott seine Herrlichkeit, die Macht seiner Liebe, und sagt uns: Ich bin nicht nur Liebe, ich liebe euch und will euch alle in meine Arme schließen und glücklich machen.

Das sehen wir bereits im Geheimnis der Weihnacht. Darum dürfen auch wir sagen, was im Evangelium steht: „Wir haben seine Herrlichkeit geschaut, die

Herrlichkeit des einzigen Sohnes vom Vater“ (Joh 1,14).

Um diese Herrlichkeit zu schauen, brauchen wir Augen, die sehen. Dazu reicht die Sehkraft unserer leiblichen Augen nicht aus. Bekannt ist das Wort des kleinen Prinzen von Antoine de Saint-Exupéry: „Man sieht nur mit dem Herzen gut.“ Um einen Menschen wirklich kennenzulernen, genügt es nicht, ihn mit den Augen anzusehen. Dazu müssen wir ihn mit unserem Herzen anschauen. Der Blick unseres Herzens reicht tiefer und ist anders als der Blick unserer Augen. Denn die Sehkraft des Herzens ist die Liebe. Mit dem Herzen müssen wir auf das Kind in der Krippe schauen. Erst dann sehen wir es richtig.

Durch dieses Schauen geschieht auch etwas mit uns. Wenn ich meine Augen öffne, nehme ich die Dinge, die ich sehe, in mich auf. Wenn ich mein Herz öffne und Jesus anschaue, dann nehme ich ihn in mich auf. Das heißt, ich werde selbst zur Krippe.

Als Maria und Josef in Bethlehem eintrafen, war kein Platz für sie in der Herberge. So gehen sie in einen Stall. Dort steht die Krippe, in die sie das Neugeborene legen. Darum geht es auch bei uns. Im Stall unseres Lebens steht die Krippe für Jesus bereit; das ist unser Herz. Der große Sohn Gottes ist Mensch geworden, um in die Krippe unseres Herzens gelegt zu werden. Er hat sich so klein gemacht, dass er in uns Platz findet.

Wir aber müssen uns öffnen und ihn aufnehmen, herein in unser Herz. Dadurch geschieht etwas mit uns. Was das ist, sagt uns das Evangelium: „Allen, die ihn aufnahmen, gab er Macht, Kinder Gottes zu werden" (Joh 1,12). Kinder Gottes sollen wir werden. Das ist der Sinn von Weihnachten. Denn der Sohn Gottes wurde ein Menschenkind, damit wir Menschenkinder Gotteskinder werden.

Darum geht es nicht nur an Weihnachten, darum geht es auch im „Jahr der Barmherzigkeit". Die Augen des Herzens müssen uns aufgehen, damit wir in Jesus seine Herrlichkeit schauen, nämlich die Macht seiner Liebe, mit der uns Gott umgestaltet und uns an seinem Leben teilhaben lässt.

Das beginnt jetzt in uns ganz klein, wie Jesu Menschenleben klein angefangen hat, klein wie eine Knospe, die sich entfaltet. Wie Gottes Liebe sich im Kreuz und in der Auferstehung Jesu siegreich erwiesen hat, will sie sich auch an uns siegreich erweisen. Jetzt nehmen wir Jesus in uns auf, der als Kind in der Krippe liegt. Indem wir ihn aufnehmen, nimmt er uns auf und nimmt uns mit in seine Herrlichkeit zur Rechten Gottes, des Vaters. Das beginnt mit Weihnachten und geht mit uns durch unser ganzes Leben.

Bethlehem ist überall, sagt der hl. Hieronymus, der über dreißig Jahre neben der Geburtsgrotte in Bethlehem gelebt hat.

Doch dies ist nicht nur uns zugedacht. Denn der Sohn Gottes ist für alle Menschen in die Welt gekommen. Weihnachten soll sich darum ausbreiten über die ganze Welt.

Und dazu braucht Jesus Helfer. Er konnte ja nur an einem Ort und zu einer bestimmten Zeit geboren werden. Darum sendet er uns als Boten, die mit der Botschaft von Weihnachten seine Liebe hinaustragen bis an die Grenzen der Erde. Alle sollen seine Herrlichkeit schauen und die Macht seiner Liebe erfahren, mit der er die Wunden der Welt heilt. Unsere Welt blutet aus vielen Wunden. Denken wir nur an den Nahen Osten mit dem Heiligen Land und an das Flüchtlingselend, das auch in unserem Land ankommt. Übersehen wir dabei aber nicht auch die Wunden in unserer Umgebung, das Leid und die Not von Menschen in unserer unmittelbaren Nähe.

Weihnachten soll es werden in aller Welt durch uns. Diese Sendung können wir nur erfüllen, wenn es Weihnachten in uns selbst wird; wenn wir uns für das Kind in der Krippe, für den menschgewordenen Sohn Gottes, öffnen, mit unserem Herzen seine Herrlichkeit schauen und uns von der Macht seiner Liebe ergreifen lassen. Und dies nicht nur am Weihnachtsfest. Weihnachten ist Programm für unser ganzes Leben.

5.
Die Allmacht der Liebe

Wir leben in einer Welt, die erfüllt ist von Krieg, Terror und Elend. An vielen Orten herrschen Gewalt und Hass, Feindschaft und Verfolgung. Kein Wunder, dass Millionen auf der Flucht sind, um eine neue Heimat zu finden und in Frieden leben zu können. Unzählige haben dies schon mit ihrem Leben bezahlt.

Diese unsere Welt hat Gott erschaffen. Er hat sie als gute Welt erschaffen. Am Ende des Schöpfungsberichtes heißt es in der Bibel: „Gott sah alles an, was er gemacht hatte: Es war sehr gut" (Gn 1,31). Das kann man heute nicht mehr sagen. Es geschieht zwar viel Gutes in der Welt. Doch das Böse scheint immer wieder die Oberhand zu gewinnen. Schauen wir z.B. nach Aleppo und auf andere Städte im Nahen Osten. Die dort Notleidenden erfahren Hilfe. Gute Menschen helfen, dass die Hungernden zu Essen haben und die Kranken versorgt werden. Und dann kommen andere und zerschlagen alles rücksichtslos mit Bomben und Granaten.

Ist Gott seine Schöpfung missraten? Er hat sie gut erschaffen und den Menschen anvertraut. Und die richten nun seine Schöpfung zugrunde. Ist Gott nicht sogar der Mensch, der Gipfel seiner Schöpfung, missraten? Reicht seine Macht nicht aus, das Böse zu verhindern?

Darauf antwortet uns Gott an Weihnachten. Gott selbst, der Sohn, kommt in diese Welt und wird ein Mensch und gehört dadurch selbst zur Welt. Vater und Sohn tun alles gemeinsam. Der Vater sendet den Sohn, und der Sohn kommt, um die Wunden der Welt zu heilen und vor allem den Menschen aus seiner Verstrickung in das Böse zu befreien.

Und wie er kommt! Als kleines Kind, wie alle Kinder in Windeln gewickelt; in einer Krippe auf Stroh, ein Zeichen der Armut. Er liegt da, schwach und ohnmächtig und braucht wie jedes Kind die Hilfe seiner Mutter. Er kommt ganz anders als es nach unseren Vorstellungen dem Kommen Gottes angemessen wäre; nicht in Macht und Herrlichkeit. Nein, er kommt in Niedrigkeit und Armut.

Und dieses Kind in der Krippe will die Welt heilen und ihr den Frieden bringen. Das künden die Engel den Hirten: „Friede auf Erden den Menschen seiner Gnade" (Lk 2,14). Ist das nicht Torheit, ja geradezu lächerlich? Wie will Jesus seinen Plan durchführen?

Warum kommt er überhaupt als hilfloses Kind und schlägt nicht drein? Warum setzt er die Krieger nicht in Furcht und Schrecken, dass sie zittern und ihnen die Waffen aus den Händen fallen? Warum zieht er die Gewaltherrscher, Tyrannen und Attentäter nicht einfach aus dem Verkehr? Er hat doch die Macht dazu. Warum nützt er nicht seine Macht, um dem Bösen, dem Hass, dem Krieg und allem Elend kurzerhand ein Ende zu bereiten? Er könnte es. Er ist doch allmächtig.

Warum tut Gott das nicht? Weil er uns die Freiheit nicht nimmt. Er nimmt den Menschen selbst dann nicht die Freiheit, als sie Jesus ans Kreuz schlagen. So wichtig ist sie Gott, dem Vater wie dem Sohn, der als Kind in der Krippe liegt. Denn er braucht unsere Freiheit, um seinen Plan durchzuführen, nämlich uns mit seiner Liebe zu beschenken. Er will uns hereinnehmen in die Gemeinschaft seines göttlichen, dreifaltigen Lebens. Liebe kann man nur in Freiheit annehmen, indem man sie erwidert. Einem Menschen ohne seine freie Zustimmung Liebe gleichsam überzustülpen, wäre Vergewaltigung. Gott vergewaltigt nicht.

Er tastet unsere Freiheit nicht an, sondern setzt auf die Allmacht seiner Liebe. Gott ist so groß, dass er auch so klein werden kann, und ist so mächtig, dass er machtlos werden kann wie das Kind in der Krippe.

Im menschgewordenen Sohn zeigt Gott seine Allmacht, die Allmacht seiner Liebe. Und das beginnt schon in der Krippe. Das Kind strahlt Liebe aus und zieht alle an sich. Die Ersten, die kommen, sind die Hirten. Und dann kommen bald die Weisen aus dem fernen Morgenland. An der Krippe wird bereits sichtbar, was Jesus in seinem ganzen Leben tun wird, ja sogar über seinen Tod und seine Auferstehung hinaus tun wird: die Menschen an sich ziehen. Er zieht uns an sich mit der Macht seiner Liebe. Sein ganzes Leben ist ein einziges Ringen um unsere Liebe. „Wenn ich von der Erde erhöht bin, werde ich alle an mich ziehen" (Joh 12,32) sagt Jesus. Auch heute tut er das.

Dazu braucht es unsere Freiheit. Denn seine Liebe kann nur in Freiheit angenommen werden. Wie es Jesus dabei ergeht, hören wir im Evangelium: „Er kam in sein Eigentum. Aber die Seinen nahmen ihn nicht auf" (Joh 1,11). Das erleben wir auch heute. Am Zustand unserer zerstrittenen Welt wird sichtbar, Jesus ist weithin immer noch nicht aufgenommen worden. Würden ihn alle aufnehmen, sähe die Welt anders aus. Denn wo er ist, herrscht Friede. Und das wäre auch heute möglich, und zwar sofort.

Im Evangelium heißt es weiter: „Allen aber, die ihn aufnahmen, gab er Macht, Kinder Gottes zu werden" (Joh 1,12). Alle, die an ihn glauben, „sind aus Gott geboren" (Joh 1,13), d. h. sie haben Anteil an Gottes Leben, sie sind in Wahrheit Gottes Kinder. Weihnachten feiern heißt Jesus aufnehmen, sich von ihm beschenken lassen.

„Wir heißen Kinder Gottes, und wir sind es" (1 Joh 3,1), weil uns Gott in Jesus Christus Teilhabe an seinem Leben geschenkt hat. Das feiern wir an Weihnachten.

Gottes Sohn wurde Mensch, dass wir Kinder Gottes werden. Er hat unter uns gewohnt, damit wir bei ihm wohnen. Das versprach er beim Abschied seinen Jüngern und mit ihnen auch uns: „Wenn ich gegangen bin und einen Platz für euch vorbereitet habe, komme ich wieder und werde euch zu mir holen, damit auch ihr dort seid, wo ich bin" (Joh 14,3). Und im hohepriesterlichen Gebet sagt er zum Vater: „Vater, ich will, dass alle, die du mir gegeben hast, dort bei mir sind, wo ich bin" (Joh 17,24). Das wird Jesus durchsetzen mit der Allmacht seiner Liebe. Damit hat er an Weihnachten in Bethlehem begonnen.

Jesus Christus, Gottes Sohn, ist vom Himmel gekommen und Mensch geworden, um die von uns so schwer verwundete Welt zu heilen und uns in Liebe mit sich zu verbinden und uns mitzunehmen dorthin, wo er daheim ist, am Herzen des Vaters (Joh 1,18).

6.

Allen aber, die ihn aufnahmen ...

An Weihnachten feiern wir die Geburt eines Kindes in Bethlehem, einem kleinen, unbedeutendem Ort bei Jerusalem. Die Welt nimmt davon keine Notiz. Nur ein paar Hirten kommen, um das Kind zu sehen.

Doch das Evangelium sagt uns, wer dieses Kind ist. Seine Botschaft lautet: „Im Anfang war das Wort, und das Wort war bei Gott, und das Wort war Gott. Im Anfang war es bei Gott“ (Joh 1,1 f.). Mit dem Ausdruck Wort bezeichnet der Evangelist den Sohn. Das neugeborene Kind in der Krippe, in Windeln gewickelt, ist Gottes Sohn, Gott wie der Vater, und das seit Ewigkeit.

Der Evangelist sagt uns weiter, was bei der Geburt dieses Kindes geschah: „Das Wort ist Fleisch geworden und hat unter uns gewohnt“ (Joh 1,14). Genau heißt es: „er hat unter uns sein Zelt aufgeschlagen.“ Das erinnert an das Bundeszelt, inmitten des Volkes Israel in der Wüste. Das Bundeszelt mit der Bundeslade war für Israel das Zeichen: Gott ist bei uns und geht mit uns. Dieses Zeichen hat nun in der Nacht zu Bethlehem mit der Geburt dieses Kindes seine Erfüllung gefunden.

Gottes ewiger Sohn, also Gott selbst, ist Mensch geworden, ein Mensch wie wir, was mit dem Ausdruck Fleisch gesagt wird. Er hat unter uns sein Zelt aufgeschlagen, d. h. Wohnung genommen. Er ist nicht nur zu Besuch gekommen, um wieder zu gehen, sondern bleibt bei uns und gehört von da an zu uns. Wie das Bundeszelt mit Israel durch die Wüste gezogen ist, so geht der menschgewordene Gottessohn jetzt mit uns auf all unseren Wegen durch diese Welt. Auch heute ist er bei uns und geht mit uns.

Wie ist es ihm damals ergangen? Maria hat ihn aufgenommen und mit ihrer Mutterschaft ihm die Tür in unsere Welt geöffnet. Doch als er da war, hatten sie keinen Platz für ihn. Maria legte das Kind „in eine Krippe, weil in der Herberge kein Platz für sie war" (Lk 2,7). Dann muss er nach Ägypten fliehen, weil der König Herodes ihn umbringen will. Er wuchs in Nazareth auf, seiner Heimatstadt. Doch als er dort zum erstenmal auftritt und in ihrer Synagoge seine Frohbotschaft verkündet, „gerieten sie alle in Wut. Sie sprangen auf, trieben Jesus zur Stadt hinaus" (Lk 4,18 f.) und wollten ihn sogar umbringen. Dann nahm Jesus Wohnung in Kapharnaum, das nun seine Stadt wurde. Aber auch dort findet er keine Aufnahme, so dass er über sie sagt: „Du, Kapharnaum, meinst du etwa, du wirst zum Himmel erhoben? Nein, in die Unterwelt wirst du hinabgeworfen. Wenn in Sodom die

Wunder geschehen wären, die bei dir geschehen sind, dann stünde es noch heute" (Mt 11,23). Und am Karfreitag fordern sie von Pilatus: „Weg mit ihm, kreuzige ihn!" (Joh 19,15).

So endet sein Leben, das er in Bethlehem begonnen hat, am Kreuz. „Er kam in sein Eigentum, aber die Seinen nahmen ihn nicht auf" (Joh 1,11), sagt kurz und bündig das Evangelium.

So erging es ihm damals. Und wie ergeht es ihm heute? Jesus hat sich nicht aus der Welt hinausstoßen lassen, auch nicht am Kreuz. Als Auferstandener kommt er aufs neue und ist bei uns alle Tage bis zum Ende der Welt. Das hat er uns versprochen (Mt 28,20). Jesus ist also auch heute bei uns. Sein Zelt, das er in Bethlehem auf unserer Erde aufgeschlagen hat, wurde durch das Kreuz nicht abgebaut und zerstört. In seiner verklärten Menschheit ist er als Auferstandener auch heute in unserer Mitte. Er sucht uns auf und geht auf uns zu. Seine Nähe ist eine suchende Nähe. Er kommt als Licht auf uns zu, um unser Leben hell und froh zu machen, nicht nur an Weihnachten, sondern alle Tage. „Das wahre Licht, das jeden Menschen erleuchtet, kam in die Welt" (Joh 1,9), heißt es im Evangelium. Auch in unseren Tagen leuchtet es. Das feiern wir an Weihnachten.

Und nun die Frage: Wie feiern wir Weihnachten, das Kommen Jesu in unsere Welt? Wir zünden Kerzen an, deren Licht auf Jesus hinweist, das Licht der Welt. Wir schenken und lassen uns beschenken. Das erinnert daran, dass Gott uns seinen Sohn schenkt.

Doch lassen wir uns von Gott beschenken? Ist uns das überhaupt ein Anliegen, das große Geschenk Gottes anzunehmen und seinen Sohn in uns aufzunehmen? Oder reduzieren wir unser Leben auf das, was wir machen können, worüber wir verfügen können, was wir genießen können? Das heißt, genügen wir uns selbst? Sind wir mit uns selbst zufrieden ohne Gott, der vor unserer Tür steht und eintreten will, um uns glücklich zu machen?

Gott tritt nur ein, wo man ihm öffnet und ihn hereinlässt. Er öffnet sich den Zugang in unser Herz nicht mit Gewalt. Er respektiert unsere Freiheit. Er hat uns nämlich die Freiheit gegeben, damit wir uns ihm öffnen und in Liebe das Geschenk seiner Liebe annehmen. Diese Frage muss jeder für sich beantworten. Daran entscheidet sich, was aus unserem Leben wird. Gott sei Dank gibt es auch heute viele Menschen, die Jesus aufnehmen.

Doch wenn wir uns in unserer Gesellschaft und in der Welt umschauen, bekommt man den Eindruck, dass Gott noch vor vielen verschlossenen Türen steht. Der große jüdische Gelehrte Martin Buber nannte dies im letzten Jahrhundert „Gottesfinsternis“. Trifft das nicht auch auf unsere Zeit zu? Sonst sähe unsere Welt ganz anders aus.

Es liegt an uns, Gott hereinzulassen. Und wenn wir ihn hereinlassen und aufnehmen, geschieht etwas Unglaubliches. Auch das verkündet uns das Evangelium. „Allen aber, die ihn aufnahmen, gab er Macht, Kinder Gottes zu werden“ (Joh 1,12). Seit seiner Geburt in Bethlehem geht der Sohn Gottes auf uns zu. Und wenn wir ihn aufnehmen, vollzieht sich eine Begegnung zwischen zwei Liebenden, die sich einander schenken. Wir nehmen ihn auf in unser Leben, und er nimmt uns auf in sein Leben, und das ist das Leben des Sohnes Gottes. Wir dürfen teilhaben an seiner Gottessohnschaft und werden so Kinder Gottes. Indem wir ihn aufnehmen, nimmt er uns auf. Er nimmt uns hinein in seine Gemeinschaft mit dem Vater, in der er seit ewig mit ihm lebt. Darum dürfen wir auch wie er zu Gott „Vater“ sagen.

In dieser Gemeinschaft mit Jesus, hineingenommen in das Leben Gottes, findet unser Menschsein seine höchste Vollendung. Mehr als Teilhabe an Gottes Leben geht nicht.

Und das beginnt schon jetzt in dieser Welt, zwar noch verborgen, nur im Glauben wahrnehmbar. „Wir heißen Kinder Gottes, und wir sind es“, sagt der Apostel und fährt fort: „aber was wir sein werden, ist noch nicht offenbar geworden. Wir wissen, dass wir ihm ähnlich sein werden, wenn er offenbar wird; denn wir werden ihn sehen, wie er ist“ (1 Joh 3,2). Und der Apostel Paulus schreibt an die Römer: „Ihr habt den Geist empfangen, der euch zu Söhnen Gottes macht, den

Geist, in dem wir rufen: Abba, Vater!“ Und weil wir Kinder Gottes sind, „sind wir auch Erben; wir sind Erben Gottes und Miterben Christi“ (Röm 8,15 -17).

Diese Botschaft der Weihnacht richtet sich an alle Menschen. Der Engel sagt es den Hirten: „Seht, ich verkünde euch die große Freude, die dem ganzen Volk zuteil wird: Heute ist euch in der Stadt Davids der Retter geboren: er ist der Messias, der Herr“ (Lk 2,11). Und weiter heißt es im Evangelium: „Allen aber, die ihn aufnahmen, gab er Macht, Kinder Gottes zu werden“ (Joh 1,12).

Der heilige Hieronymus, der über 30 Jahre neben der Geburtsgrotte in Bethlehem gelebt hat, sagt: „Bethlehem ist überall“ und wir dürfen ergänzen „und immer“. Die Weihnacht, die in Bethlehem begonnen hat, das Kommen des Gottessohnes zu den Menschen, wird nicht aufhören bis zum Ende der Welt. Er kommt auch heute. Das ist Frohbotschaft unseres Festes. Bethlehem ist immer und überall.

Doch Weihnachten wird es nur, wenn wir uns Jesus nicht verschließen, sondern ihm die Tür unseres Herzens öffnen, ihn aufnehmen in unser Leben und er uns Anteil gibt an seinem Leben. Dann werden wir als Söhne und Töchter Gottes einst mit ihm dort zuhause sein, wo er zuhause ist, am Herzen des Vaters (Joh 1,18).

II.
Zum Osterfest

7.
Er wäscht uns die Füße

Das Evangelium berichtet uns von einem Vorgang, der wie eine Überschrift über der Feier der Heiligen Drei Tage steht. Mit der Fußwaschung stellt uns Jesus nämlich bildhaft vor Augen, was in seinem Leiden, Sterben und Auferstehen geschieht (Joh 13, 1-15).

Der Bericht wird eingeleitet mit dem Hinweis: „Es war vor dem Paschafest." Die Juden feierten an diesem Fest jedes Jahr das Gedenken an den Auszug aus Ägypten. Gott hat sie damals aus der Knechtschaft des Pharao befreit und zu seinem Volk gemacht. Die Israeliten aßen beim Auszug aus Ägypten ein Lamm. In Erinnerung daran wurde beim alljährlichen Paschamahl das Osterlamm gegessen.

Am Paschafest vor seinem Leiden steht Jesus vom Mahl auf, kniet sich vor seinen Jüngern nieder und wäscht ihnen die Füße. Was Jesus hier tut, ist Sklavendienst. Er tut dies im Wissen, dass er ihr Herr und Meister, ja der Sohn Gottes ist. Von dieser Höhe herab beschreitet er den Weg nach unten. Mit seinem Sklavendienst erniedrigt er sich unter seine Jünger, auf den letzten Platz.

Damit stellt er sich quer zur Welt, quer zu dem, was in der Welt üblich ist; da will alles nach oben. Sogar in der Kirche gibt es das.

Am Ende der Fußwaschung sagt Jesus den Jüngern und in ihnen uns allen: Wir sollen es machen wie er: „Auch ihr müsst einander die Füße waschen. Ich habe euch ein Beispiel gegeben, damit auch ihr so handelt, wie ich an euch gehandelt habe“ (Joh 13,14 f.).

Das ist Entweltlichung, zu der uns auch Papst Benedikt bei seinem letzten Deutschlandbesuch in Freiburg aufgerufen hat. Wir sollen es nicht dem Treiben der Welt nachmachen, um uns selbst zu profilieren, gar noch auf dem Rücken anderer, um nach oben zu kommen. Wir sollen auf Jesus schauen. Er, Jesus Christus ist unser Vorbild, ihm müssen wir es nachmachen. An ihm werden wir gemessen. Wir sollen uns dadurch profilieren, dass er in uns Gestalt gewinnt (Gal 4,19). Dazu müssen wir wie er in die Knie gehen und anderen dienen.

Jesus hat uns mit der Fußwaschung nicht nur gesagt, was wir tun sollen; er hat uns auch gezeigt, was er selbst tut. Mit dem Niederknien vor seinen Jüngern öffnet er uns die Augen und deutet an, dass sein Weg nun nach unten führt, auf den letzten Platz. Auf diesem Weg durchläuft er verschiedene Stationen: Gethsemani mit der Todesangst, Verrat durch Judas, Flucht der Jünger, die ihn allein lassen, Gefangennahme, Verhör vor dem Hohenpriester, dem Repräsentanten seines Volkes, mit dem Todesurteil, der Prozess vor Pilatus mit Geißelung und Verurteilung zum Tod am Kreuz. Er trägt sein Kreuz nach Golgotha und steigt an ihm hinab in die Tiefe des Todes und bis ins Grab. Tiefer geht es nicht mehr. Dabei dürfen wir nicht übersehen, von welcher Höhe der Herr herabsteigt. Der Apostel Paulus beschreibt Jesu Weg von oben nach unten: „Er war Gott gleich, hielt aber nicht daran fest, wie Gott zu sein, sondern er entäußerte sich und wurde wie ein Sklave und den Menschen gleich. Sein Leben war das eines Menschen; er erniedrigte sich und war gehorsam bis zum Tod, bis zum Tod am Kreuz" (Phil 2,6 – 8). Auf diesen Abstieg verweist Jesus mit der Fußwaschung. Und das alles tat er für uns.

Der Weg nach unten wird an Ostern zum Weg nach oben. Aus der Tiefe des Todes ersteht er glorreich aus dem Grab und kehrt als Sieger heim zum Vater, er erhält den Platz zu seiner Rechten und lebt nun in der Herrlichkeit Gottes, des Vaters.

Auch Jesu Weg nach oben beschreibt der Apostel Paulus: „Darum hat ihn Gott über alle erhöht und ihm den Namen verliehen, der größer ist als alle Namen, damit alle im Himmel, auf der Erde und unter der Erde ihre Knie beugen vor dem Namen Jesu und jeder Mund bekennt: „Jesus Christus ist der Herr" – zur Ehre Gottes des Vaters" (Phil 2,9 – 11).

Das geschah ebenfalls für uns. Jesus will uns auf diesem seinem Weg mitnehmen. Auch das zeigt er uns, als er Petrus die Füße wäscht.

Als Jesus zu Petrus kommt, wehrt sich dieser: „Du, Herr, willst mir die Füße waschen?" Obwohl Jesus ihm sagt, er verstehe das jetzt noch nicht, doch später werde er begreifen, gibt Petrus nicht nach: „Niemals sollst du mir die Füße waschen!" Jetzt sagt ihm Jesus, worum es geht: „Wenn ich dich nicht wasche, hast du keinen Anteil an mir." Es geht also darum, an Jesus Anteil zu erhalten. Darum nimmt er uns mit auf seinem Weg; und wir lassen uns mitnehmen. Das tun wir, wenn wir uns von Jesus die Füße waschen lassen. Was heißt das? Wir nehmen den Dienst Jesu an und darin das Heil, das er uns in Tod und Auferstehung erwirkt hat. Das geschieht durch den Glauben. Denn im Glauben öffnen wir uns für ihn und nehmen ihn auf. Er ist das Heil in Person. Er schenkt uns Anteil an sich selbst, Anteil an seinem Leben.

Wir gehören dadurch zu ihm. Er nimmt uns mit auf seinem Weg aus der Tiefe in die Höhe zur Rechten das Vaters. So erleben wir das neue Pascha, das im Auszug Israels aus Ägypten dargestellt und angekündigt war. Jesus befreit uns nicht aus der Macht eines Pharao, sondern aus der Macht des Todes, der Sünde, des Teufels. Er macht uns zu seinem Volk, er führt uns in die Freiheit der Kinder Gottes. Jetzt führt uns der Weg noch durch die Wüste dieser Welt. Aber einst werden auch wir unseren Jordan überschreiten und in das Gelobte Land des Himmels einziehen.

Was uns Jesus in der Fußwaschung zeigt, das verwirklicht er im Geheimnis der Eucharistie, das er an diesem Abend seiner Kirche geschenkt hat. Da gibt er sich uns leibhaft zur Speise und zum Trank und gibt uns dadurch Anteil an sich selbst. Da wäscht er auch uns die Füße und nimmt uns hinein in seinen Tod und seine Auferstehung. An uns ist es, uns von ihm die Füße waschen zu lassen, d.h. seinen Dienst zu unserem Heil anzunehmen und ihn mit lauterem Herzen in uns aufzunehmen, dass er uns Anteil gibt an seinem Leben und mitnimmt auf seinem Weg hinauf zum Vater.

8.
Hingegeben für uns

Jede Hl. Messe nimmt uns mit in die Nacht, die mit dem Abend vor Jesu Leiden beginnt.

Im Hochgebet der Messe heißt es: in der Nacht, in der er verraten wurde.

Nach biblischem Verständnis ist die Nacht nicht Abschluss des vergangenen Tages, sondern gehört bereits zum kommenden Tag. Mit der Nacht beginnt der neue Tag. Die Messe, die wir am Gründonnerstag Abend feiern, ist also die Karfreitagsmesse.

Wir feiern ja in jeder Eucharistie, was am Karfreitag im Leiden und Sterben Jesu am Kreuz geschah, die Hingabe Jesu. Der Vater gibt seinen Sohn dahin aus Liebe zu uns. „Gott hat die Welt so sehr geliebt, dass er seinen einzigen Sohn hingab, damit jeder, der an ihn glaubt, nicht zugrunde geht, sondern das ewige Leben hat“ (Joh 3,16). Und Jesus, der Sohn, gibt sich für uns dahin. Beim Abschied sagt Jesus zu den Jüngern: „Es gibt keine größere Liebe, als wenn einer sein Leben für seine Freunde hingibt. Ihr seid meine Freunde“ (Joh 15,13 f.).

Am Karfreitag gibt also der Vater den Sohn hin und der Sohn gibt sich hin. Und Vater und Sohn tun das miteinander für uns.

Das feiern wir in der Karfreitagsmesse, und wir feiern es in jeder Messe. Im Wandlungsgebet spricht der Priester in Jesu Namen über Brot und Wein: Das ist mein Leib, der für euch hingegeben wird. Das ist mein Blut, das für euch und für alle vergossen wird zur Vergebung der Sünden.

Diese Hingabe geschah an jenem Karfreitag in Jerusalem ein für allemal. Aber Jesus bleibt der Hingegebene und ist es auch heute und bleibt es für immer. Weder der Vater noch der Sohn hat seine Hingabe von damals zurückgezogen.

Und wer sind die Beschenkten? Das sind wir. Der am Kreuz hingegebene Herr ist das große Geschenk, das uns der Vater gibt und in dem der Sohn sich uns gibt. „Mehr als Jesus von Nazareth haben wir von Gott nicht zu erwarten" (Teresa von Avila). Das sagt uns schon der Apostel Paulus: Der Vater hat seinen Sohn „für uns alle hingegeben – wie sollte er uns mit ihm nicht alles schenken?" (Röm 8,32). In Jesus Christus hat uns Gott alles geschenkt, nämlich sich selbst.

Dieses über alles kostbare Geschenk wird uns in der Feier der Eucharistie auch sichtbar, mit den Sinnen erfahrbar gereicht. Und wir nehmen es an. Nehmet hin und esset, das ist mein Leib. Nehmet hin und trinket, das ist der Kelch des neuen und ewigen Bundes, mein Blut, das für euch und für alle vergossen wird. In der hl. Kommunion nehmen wir nicht etwas entgegen; wir empfangen den Herrn und nehmen ihn in uns auf.

Wenn wir ihn leibhaft aufnehmen, dann müssen wir auch seine Gesinnung und Haltung aufnehmen. Seid so gesinnt wie Christus Jesus (Phil 2,5). Daran soll sichtbar werden, dass er in uns lebt. Die Gegenwart Jesu, die uns in der Eucharistie geschenkt wird, soll unser Leben bestimmen. Was das heißt, zeigt uns Jesus im Evangelium. Er kniet vor seinen Jüngern nieder, wäscht ihnen die Füße und sagt dann zu ihnen: „Wenn ich, der Herr und Meister, euch die Füße gewaschen habe, dann müsst auch ihr einander die Füße waschen. Ich habe euch ein Beispiel gegeben, damit auch ihr so handelt, wie ich an euch gehandelt habe" (Joh 13,14 f.).

Wir sollen Boten seiner Liebe werden. Durch uns will er die Welt verwandeln, die an so vielen Orten an Hass und Feindschaft, Krieg und Terror, Kälte und Gleichgültigkeit leidet. Wir sollen ihm helfen, das Angesicht der Erde zu erneuern. Wo wir sind, soll seine heilende Liebe Licht und Wärme in die dunkle und kalte Welt bringen.

Papst Franziskus sprach vor kurzem von einem Sturm der Liebe, die allein in der Lage ist, die Welt von innen zu verwandeln. Das ist die Revolution der Barmherzigkeit und Liebe, die uns Jesus ans Herz legt. Die Kraft dazu gibt er uns, indem er sich selbst uns schenkt im Brot des Lebens.

Daran, dass wir für Jesus leben, wird sichtbar, dass wir mit ihm leben. Und mit ihm leben bedeutet, auch mit ihm auferstehen.

In der hl. Kommunion schenkt uns der Herr das Unterpfand unserer Auferstehung. Er sagt es uns ausdrücklich: „Wer von diesem Brot ist, wird in Ewigkeit leben" (Joh 6,52).

Öffnen wir nun unser Herz und nehmen wir in großer Ehrfurcht und Dankbarkeit Jesus in uns auf. Mehr als Jesus haben wir von Gott nicht zu erwarten. Denn in ihm schenkt er uns alles, sich selbst.

„Lass uns den Hass, das bittre Leid fortlieben aus der dunklen Zeit: Lass uns dein Reich erscheinen!" singen wir im Gotteslob (371).

9.
Tut dies zu meinem Gedächtnis!

In jeder Messe hören wir den Auftrag Jesu: „Tut dies zu meinem Gedächtnis!" Paulus überliefert uns diesen Auftrag des Herrn gleich zweimal. Wir sollen tun, was Jesus getan hat.

Der Apostel Paulus sagt uns: „Jesus, der Herr, nahm in der Nacht, in der er ausgeliefert wurde, Brot, sprach das Dankgebet, brach das Brot und sagte: Das ist mein Leib für euch. Tut dies zu meinem Gedächtnis! Ebenso nahm er nach dem Mahl den Kelch und sprach: Dieser Kelch ist der Neue Bund in meinem Blut. Tut dies, sooft ihr daraus trinkt, zu meinem Gedächtnis! (1 Kor 11, 23-25).

Das hat Jesus am Abend vor seinem Leiden getan, und wir tun es in jeder Feier der heiligen Messe. Und indem wir das tun, ist Jesus dabei und tut es mit uns. Was Jesus damals mit den Jüngern getan hat, das tut er jetzt mit uns, nur mit einem Unterschied: da er heute nicht sichtbar unter uns ist wie damals im Abendmahlsaal, tut er dies durch den Dienst des Priesters. Aber er selbst ist es, der uns seinen Leib zu essen und sein Blut zu trinken gibt.

Das tun wir zu seinem Gedächtnis. Ist das alles, was wir tun sollen? Will Jesus nicht noch mehr von uns?

Im Tod am Kreuz hat sich Jesus für uns hingegeben und sein Leben in die Hände des Vaters gelegt. Vor seinem Hinscheiden ruft er laut: „Vater, in deine Hände lege ich meinen Geist“ (Lk 23,46). Mit seinem ganzen Leben gehört er dem Vater und ist sein Eigen.

Wenn nun Jesus heute auch uns seinen am Kreuz dahingegebenen Leib und sein am Kreuz vergossenes Blut zur Speise und Trank reicht, will er uns damit hineinnehmen in seine Kreuzeshingabe an den Vater. Er will uns mitnehmen auf seinem Weg zum Vater. Und wir dürfen, ja wir sollen uns mitnehmen lassen. Das geschieht nicht von selbst; da müssen wir uns selbst einbringen: Mit Jesus uns hingeben und uns mit unserem ganzen Leben in die Hände des Vaters legen. Mit ihm sollen wir Gottes, des Vaters, Eigentum sein und ihm ganz gehören.

Das ist es, was uns Jesus ans Herz legt, wenn er zu uns sagt: Tut dies zu meinem Gedächtnis: uns mit ihm in die Hände des Vaters legen. Sonst bleiben wir an der Oberfläche und unsere Eucharistiefeier verkommt zum Leerlauf. Mit dem Essen seines Leibes und dem Trinken seines Blutes ist es nicht getan. Mit ihm müssen wir uns in die Hände des himmlischen Vaters legen, wie Jesus es am Kreuz getan hat.

Der Apostel Paulus sagt, dass wir in der Feier der Eucharistie den Tod des Herrn verkünden: „Sooft ihr von diesem Brot esst und aus dem Kelch trinkt, verkündet ihr den Tod des Herrn, bis er kommt" (1 Kor 11,26). Indem wir den Auftrag Jesu erfüllen und tun, was er am Abend vor seinem Leiden getan hat, verkünden wir den Tod des Herrn, sein erlösendes, uns von Sünde befreiendes Sterben am Kreuz. Dazu reicht es nicht, nach der Wandlung zu sprechen: „Deinen Tod, o Herr, verkünden wir, und deine Auferstehung preisen wir, bis zu kommst in Herrlichkeit". Wer verkündet, muss bezeugen, was er verkündet. Wir müssen leben, was wir verkünden. Wenn wir den Tod des Herrn verkünden, müssen wir auch als Menschen leben, die sich mit dem gekreuzigten Heiland in die Hände des Vaters gelegt haben und Gottes Eigentum geworden sind.

Das ist Jesu Anspruch an uns, wenn er uns beauftragt: Tut dies zu meinem Gedächtnis!

Das tun wir in jeder heiligen Messe. Das ist unsere ständige Aufgabe. So wachsen wir immer tiefer in die Hingabe Jesu an den Vater hinein. So geschieht dann auch mit uns, was mit Jesus geschehen ist: Der Vater hat seine Hingabe angenommen und ihn in der Auferstehung aufgenommen in seine himmlische Herrlichkeit. Dorthin nimmt uns der Herr mit. Und der Vater nimmt mit Jesus auch uns auf in sein göttliches Leben.

10.
Durst nach Gott

„Was Wasser ist, lehrt uns der Durst“ (Emily Dickinson). Und was Gott ist, lehrt uns die Sehnsucht, der Durst nach ihm. In unserer Gesellschaft ist diese Sehnsucht nicht groß. Viele leben, als ob es Gott nicht gäbe. Darin liegt die tiefste Not unserer Tage. Martin Buber nannte diese Not Gottesfinsternis. Diese Gottesfinsternis kommt nicht daher, weil Gott sich zurückgezogen hätte, sondern weil wir Menschen uns von ihm abgewandt haben.

Wie steht es um unseren Durst nach Gott und damit um unser Wissen um Gott? Spüren wir die Gottesfinsternis unserer Zeit auch in uns und um uns?

In dieser Not kommt uns Jesus entgegen. Auch die Jünger wollten an jenem Abend, als Jesus von ihnen Abschied nahm, von ihm wissen, wer Gott der Vater ist. Philippus bat Jesus: „Herr, zeig uns den Vater“ (Joh 14,8). Und Jesus antwortet ihm: „Wer mich gesehen hat, hat den Vater gesehen“ (14,9). An Jesus also wird Gott sichtbar; nicht in seiner göttlichen Herrlichkeit; sie zu sehen, sind wir in dieser Welt nicht fähig. Aber Gott wird sichtbar in Zeichen, er ist zu erkennen an dem, was Jesus tut.

An jenem Abend kniet Jesus vor seinen Jüngern nieder und wäscht ihnen die Füße, einen nach dem anderen, beginnend bei Petrus. Anderen die Füße waschen, ist Sklavendienst. Jesus dient seinen Jüngern wie ein Sklave.

Mit diesem Sklavendienst zeigt er, wie groß seine Liebe zu ihnen ist. „Er erwies ihnen seine Liebe bis zur Vollendung" (Joh 13,1), heißt es im Evangelium, bis zum äußersten; weiter geht es nicht mehr.

In der Fußwaschung wird Gottes Liebe zu uns sichtbar. So sehr liebt uns Gott, bis zur Vollendung, bis zum äußersten; weiter geht es nicht.

Wie weit diese Liebe geht, bis sie ihre Vollendung erreicht, macht Jesus im Abendmahl sichtbar.

Er nimmt beim Mahl das Brot, spricht das Dankgebet, bricht das Brot und reicht es den Jüngern mit den Worten: „Nehmet und esset alle davon: Das ist mein Leib, der für euch hingegeben wird." Ebenso nimmt er dann den Kelch und sagt: „Nehmet und trinket alle daraus. Das ist der Kelch des neuen und ewigen Bundes; mein Blut, das für euch und für alle vergossen wird."

Jesus gibt sich also den Jüngern zur Speise. Er gibt ihnen seinen Leib, das ist er selbst leibhaft. Und diesen seinen Leib reichte er nicht nur damals den Jüngern im Abendmahlsaal, er reicht ihn heute auch uns. Von dieser Speise leben wir. Wir leben von ihm.

In diesem Mahl wird sichtbar, wie weit Gott mit seiner Liebe zu uns geht. Er gibt sich uns selbst. Mehr als sich selbst kann er uns nicht geben. Das ist das Äußerste, was überhaupt möglich ist, die Liebe bis zur Vollendung, die Liebe, die alles gibt, was sie geben kann, nämlich sich selbst. Das sind nicht schöne, eindrucksvolle Bilder, das ist die für uns unfassbare Wirklichkeit: Gott liebt uns so sehr, dass er uns alles gibt, sich selbst. Das macht uns Jesus sichtbar in der Feier des Abendmahles.

Und wie ernst es Gott mit seiner Liebe ist, offenbart uns Jesus am Kreuz. Darum reicht er uns seinen am Kreuz für uns dahingegebenen Leib und sein am Kreuz vergossenes Blut. Dieses Blut strömt aus seinem durchstochenen Herzen hervor. Damit zeigt er uns Gottes Innerstes: sein Herz steht uns offen.

So wird uns in Jesus der Vater sichtbar. Da sehen wir, Gott ist Liebe. Er liebt nicht nur, er ist Liebe.

Was Jesus uns an jenem Abend von Gott, seinem Vater, zeigt, weist nicht in eine ferne Zukunft oder in die Ferne des Himmels, sondern ist Gegenwart. Gott ist uns mit seiner Liebe so nahe, wie Jesus den Jüngern im Abendmahlsaal nahe war. In der heiligen Kommunion reicht uns der Herr seinen Leib und in ihm die Liebe, die Gott ist. Denn er ist ja Gott mit dem Vater und mit dem Vater eins in der unendlichen Liebe. Gott, der Liebe ist, ist das große Geschenk Jesu an uns.

Was Wasser ist, lehrt uns der Durst. Wer Gott ist, lehrt uns der Durst, die Sehnsucht nach ihm. Wie steht es um diese unsere Sehnsucht? Philippus hat den Herrn gebeten: Zeig uns den Vater! Heute Abend bittet Jesus uns, einen jeden von uns: Zeig mir deinen Durst, deine Sehnsucht nach mir, deinem Herrn und Gott!

Dieser Durst öffnet unser Herz und macht uns bereit, das Geschenk der Liebe Gottes zu empfangen. Geben wir dem Herrn unsere Antwort mit dem Psalmisten: „Wie der Hirsch lechzt nach frischem Wasser, so lechzt meine Seele nach dir, Gott. Meine Seele dürstet nach Gott, nach dem lebendigen Gott" (Ps 42,2 f).

Am Abend vor seinem Leiden, hat Jesus die hl. Eucharistie eingesetzt und uns geboten: „Tut dies zu meinem Gedächtnis!" So stillt er unseren Durst nach Gott, der Liebe ist. Feiern wir sein Gedächtnis, aber mit großem Durst nach ihm!

11.
Den Vater sehen

In der Passion wird uns der leidende Heiland vor Augen gestellt. Qualvoll hängt er am Kreuz und stirbt. Vor seinem Leiden hatte er noch zu seinen Jüngern gesagt: „Wer mich gesehen hat, hat den Vater gesehen“ (Joh 14,9). Gilt das jetzt auch noch? Sehen wir im gekreuzigten Herrn Gott, den Vater? Sieht Gott so aus?

Das Evangelium sagt uns, als Jesus seinen Geist aushauchte, „riss der Vorhang des Tempels in zwei Teile von oben bis unten“ (Mk 15,38). Dieser Vorhang hatte den Blick ins Allerheiligste und den Zugang zu ihm verschlossen. Beim Tod Jesu war er zerrissen, die Verhüllung war gefallen, der Blick ins Allerheiligste, der Blick auf Gott ist frei.

Was da zu sehen ist, kann man allerdings nur mit dem Glauben sehen. Denn der Glaube schaut durch das, was wir mit den Augen sehen, hindurch. Hinter der Oberfläche des schmachvollen, schmerzhaften Sterbens sieht er die Wirklichkeit und erkennt, was hier am Kreuz geschieht.

Und was sehen wir? Das Evangelium sagt es: „Gott hat die Welt so sehr geliebt, dass er seinen einzigen

Sohn hingab, damit jeder, der an ihn glaubt, nicht verlorengeht, sondern das ewige Leben hat" (Joh 3,16). Im gekreuzigten Jesus zeigt sich uns Gott, wer er ist. Er ist Liebe, unbegreifliche Liebe, so groß, dass er seinen Sohn dahingab, damit wir leben, ewig leben. Am Kreuz des Herrn zeigt uns Gott, der Vater, wer er ist. Er ist keine triumphierende Siegermacht, sondern viel mehr und viel größer: Er ist sich verströmende Liebe.

Das zeigt er uns nicht nur; mit seiner Liebe beschenkt er uns auch. Das sagt uns der Apostel Paulus: Gott, der Vater, „hat seinen eigenen Sohn nicht verschont, sondern ihn für uns alle hingegeben – wie sollte er uns mit ihm nicht alles schenken?" (Röm 8,32). Mit seinem gekreuzigten Sohn schenkt uns der Vater alles, nämlich sich selbst. Diesen Vater sehen wir, wenn wir zum Gekreuzigten aufschauen.

Und mit seiner alles Begreifen übersteigenden Liebe gibt er uns Antwort auf die Fragen, die uns bedrücken, auf all die Rätsel unseres Lebens wie Sünde und Schuld, Leid und Tod, Katastrophen, Verbrechen, Kriege.

Mit der Allmacht seiner Liebe wird er nämlich aus der zerrissenen Welt, die wir erleben, eine neue Welt schaffen, einen neuen Himmel und eine neue Erde (Offb 21,1). Das hat er versprochen: „Seht, ich mache alles neu" (Offb 21,5). Damit hat er begonnen, als er seinen Sohn am Kreuz für uns hingab.

Und was bedeutet das für uns? Er schafft uns alle neu, indem er seine Liebe in uns hineinströmen und uns teilhaben lässt an der Fülle seines göttlichen Lebens; jetzt noch verborgen, aber einst nicht mehr verborgen, sondern von Angesicht zu Angesicht; nicht mehr in der Ferne, sondern an seinem göttlichen Herzen, zu dem wir Zugang haben durch das am Kreuz durchstochene Herz das Herrn.

12.
Das ist heute

Am Gründonnerstag sagt der Priester bei den Wandlungsworten „Das ist heute". Dies ist ein Hinweis darauf, dass das, was Jesus am Abend vor seinem Leiden tat, heute bei uns gegenwärtig ist. Was Jesus damals tat, das tut er heute bei uns. Im Gedenken an das Damals wird in der Feier der Eucharistie jenes Damals heute unter uns Gegenwart.

So heißt es auch im Exultet von der Osternacht: „Dies ist die selige Nacht, in der Christus die Ketten des Todes zerbrach und aus der Tiefe als Sieger emporstieg." Damit wird uns verkündet: Das Geheimnis jener Nacht in Jerusalem ist heute bei uns gegenwärtig.

Damals erstand Christus vom Tod und trat dann in die Mitte seiner Jünger. So berichtet uns das Johannesevangelium(Joh 20, 19-23). Der Auferstandene tritt auch in unsere Mitte. Das geschieht heute. An Ostern denken wir nicht nur an das, was damals in Jerusalem geschah. Wir erleben es, weil der auferstandene Herr auch bei uns ist, genau so leibhaft wie bei den Aposteln, auch wenn er sich uns nicht zeigt, wie er sich damals den Jüngern gezeigt hat.

Er will uns mit seiner Gegenwart nicht nur sagen, dass er auferstanden ist, sondern uns auch an seiner Auferstehung teilhaben lassen. Das Ostergeschenk, das er uns bringt, ist er selbst und Gemeinschaft mit ihm.

Wenige Tag vor seinem Leiden hatte er auf dem Tempelplatz den Menschen zugerufen: „Wenn ich über die Erde erhöht bin, werde ich alle zu mir ziehen" (Joh 12,32). Am Kreuz wurde er über die Erde erhöht und lebt nun, von den Toten erstanden, ein neues Leben, Gottes Leben. Nun zieht er uns zu sich, heraus aus der Welt des Todes hinein in seine Osterherrlichkeit, hinein in das Leben Gottes. So wird sein Ostern auch unser Ostern. Das ist sein Geschenk an uns.

Die Ostkirche stellt dies eindrucksvoll auf ihrer Osterikone dar. Zu den Füßen Jesu liegen die Flügel eines Tores, das nun nicht mehr verschlossen ist. Die Ikone zeigt uns, dass Jesus in der Auferstehung das Tor des Todes aufgesprengt und den Tod, das Zeichen unserer Trennung von Gott, nun zum Durchgangstor ins Leben Gottes gemacht hat.

Weiter sehen wir auf der Ikone, wie der auferstandene Herr als Sieger über den Tod Adam und Eva ergreift und aus der Welt des Todes heraus- und in seine Osterherrlichkeit hineinzieht. Adam und Eva stehen auf der Ikone für uns alle. Der Auferstandene ergreift uns alle, um uns mitzunehmen, wie der Bergführer eine Seilschaft mitnimmt. Der Anführer geht voraus, und an seinem Seil folgen die anderen. Als Erster, der von den Toten erstanden ist, geht Christus uns voraus und zieht uns mit. Der hl. Paulus beschreibt dies so: „Nun aber ist Christus von den Toten auferweckt worden als der Erste der Entschlafenen. Da nämlich durch einen Menschen der Tod gekommen ist, kommt durch einen Menschen auch die Auferstehung der Toten. Denn wie in Adam alle sterben, so werden in Christus alle lebendig gemacht werden“ (1 Kor 15,20-22).

Der Tod hat darum in unserem Leben nicht das letzte Wort. Jesus hat ihn entmachtet und umgestaltet in das Tor zum Leben, und zwar zu einem Leben, das nicht eine Verlängerung unseres derzeit vergänglichen Lebens ist, sondern Teilhabe an seiner Auferstehung, Teilhabe an Gottes ewigem Leben.

Begonnen hat das bei uns bereits mit der Taufe. Da hat uns der Auferstandene ergriffen und in seine Seilschaft aufgenommen, um uns mitzunehmen zum Vater. Ja noch mehr, er hat uns in der Taufe bereits den Anfang des neuen Lebens geschenkt; erst den Anfang, und den auch noch verborgen, aber wirklich, so wirklich, dass der Apostel sagen kann: „Ihr seid mit Christus auferweckt; darum strebt nach dem, was im Himmel ist, wo Christus zur Rechten Gottes sitzt. Richtet euren Sinn auf das Himmlische und nicht auf das Irdische! Denn ihr seid gestorben, und euer Leben ist mit Christus verborgen in Gott. Wenn Christus, unser Leben, offenbar wird, dann werdet auch ihr mit ihm offenbar werden in Herrlichkeit“ (Kol 3,1-4).

So innig und fest hat uns Jesus erfasst und an sich gezogen, dass seine Auferstehung auch auf uns bereits übergegriffen hat. Das ist nur der Anfang, und der ist noch verborgen. Aber mit diesem Anfang ist die grundlegende Ausrichtung unseres Lebens mit unserer ganzen Lebensgeschichte gegeben. Alles zielt auf die Vollendung hin, unserer Aufnahme in die Gottesherrlichkeit, in der Jesus seit dem Ostermorgen beim Vater lebt.

Das trifft nicht nur auf jeden von uns zu, sondern betrifft die ganze Weltgeschichte. Was im Heiligen Grab in Jerusalem im noch nächtlichen Dunkel der Morgenfrühe mit Jesus geschah, wird sich am Ende auf die ganze Welt auswirken und sie in den neuen Himmel und die neue Erde umgestalten. Hinter dieses Ziel gibt es kein Zurück. Keine Katastrophe, keine Macht der Welt wird den Auferstandenen hindern, die Welt zu verwandeln. Wie er in der Auferstehung den Tod besiegt hat, wird er alle Widerstände überwinden und die Welt samt ihrer Geschichte in ihre Vollendung führen.

Das gilt auch für unsere Zeit mit ihren oft ausweglos erscheinenden Problemen wie Terror und Kriege und die Verelendung großer Teile der Menschheit. Auch über unserer Zeit leuchtet bereits das Osterlicht, schenkt Hoffnung und gibt Mut zum Leben, auch Mut, unsere Welt zu gestalten und was bös ist, aus ihr zu vertreiben. Mit der Kraft des Herrn, der den Tod besiegt hat, müsste es uns gelingen, durch Gewaltlosigkeit allen Kriegen ein Ende zu bereiten und die vielen Notleidenden aus ihrem Elend herauszuholen.

Unser Glaube an die Auferstehung soll ansteckend wirken, dass sich alle vom erstandenen Christus erfassen lassen, der Licht in unser Leben bringt.

In der Eucharistie reicht uns der Herr seinen Leib, in dem er gekreuzigt wurde und von den Toten auferstand, zur Speise. Er ist das kostbare Ostergeschenk, das unser Begreifen übersteigt. In ihm schenkt sich uns der Auferstandene leibhaft und gibt uns Anteil an seinem Leben. Darum sollen und dürfen wir als neue, als österliche Menschen leben, wissend, dass unser neues Leben mit Christus zwar noch verborgen ist in Gott, aber wenn der Herr kommt, offenbar wird in Herrlichkeit.

13.
Brennende Herzen

Das Evangelium stellt uns dar, wie der auferstandene Herr am Ostermorgen Maria von Magdala begegnet. Sie ist die Erste, die ihn sehen darf. Sie sieht ihn, aber sie erkennt ihn nicht. Sie meint, es sei der Gärtner. Erst als Jesus sie mit ihrem Namen anspricht und sich dadurch zu erkennen gibt, gehen ihr die Augen auf. Sie sieht ihn nicht nur, jetzt erkennt sie ihn auch (Joh 20, 11-18).

Was hat sie gesehen? Nicht den Herrn in seiner Auferstehungsherrlichkeit. Mit unseren irdischen Augen können wir das göttliche Licht, das den auferstandenen Herrn erfüllt, nicht sehen. Das ist erst möglich, wenn auch wir auferstanden sind. Darum zeigt sich Jesus ihr in einer von ihr wahrnehmbaren Gestalt, nicht in einer Vision, sondern leibhaft; so leibhaft, dass sie seine Füße umfassen kann, um ihn festzuhalten.

Doch Jesus sagt ihr: „Halte mich nicht fest; denn ich bin noch nicht zum Vater hinaufgegangen" (Joh 20,17). Erst im Himmel wird die Gemeinschaft mit ihm ihre endgültige Gestalt und bleibende Vollendung finden. Dann sendet der Herr Maria mit der Auferstehungsbotschaft zu den Aposteln.

So durfte Maria Magdalena dem auferstandenen Herrn begegnen. Wie ist das mit uns? Können auch wir ihm begegnen? Er ist doch bei uns. Denn er hat uns versprochen, bei uns zu bleiben bis zum Ende der Welt (Mt 28,20). Ja, auch wir dürfen ihm begegnen. Wie das möglich ist, zeigt er uns beim Gang mit den beiden Jüngern nach Emmaus(Lk 24,13-35).

Mit dem Tod Jesu am Kreuz war für die beiden Jünger auf dem Weg nach Emmaus alle Hoffnung erloschen. Mit der Sache Jesu ist es für die beiden nun zu Ende. Sie, die als Jünger Jesus nachgefolgt waren, kehren darum nach Hause zurück. Jesus schließt sich ihnen an. Sie erkennen ihn nicht. Er zeigt sich ihnen in der Gestalt eines Wanderers, ähnlich wie am Morgen Maria von Magdala, damit sie ihn sehen können. Sie sehen ihn, aber sie erkennen ihn nicht.

Jesus beginnt auf dem Weg ein Gespräch mit ihnen. Dabei erzählen sie ihm, dass sie gehofft hätten, dieser Jesus von Nazaret würde Israel erlösen; doch die Hohenpriester und Führer des Volkes hätten ihn ans Kreuz schlagen lassen. Mit dem Tod Jesu sei nun alles aus. Ihre ganze Hoffnung war mit ihm gestorben.

Dann beginnt Jesus ihnen darzulegen, was in der Heiligen Schrift über den Messias zu lesen ist. Da beginnen ihre Herzen zu brennen.

Und als sie an die Herberge kommen, will Jesus weitergehen. Doch sie halten ihn zurück und bitten: „Bleib doch bei uns! ... Da ging er mit ihnen hinein, um bei ihnen zu bleiben. Und als er mit ihnen bei Tisch war, nahm er das Brot, sprach den Lobpreis, brach das Brot und gab es ihnen. Da gingen ihnen die Augen auf, und sie erkannten ihn; dann sahen sie ihn nicht mehr“ (Lk 24,29-31).

Er ist also mit ihnen in die Herberge gegangen, um bei ihnen zu bleiben, worum sie ihn gebeten hatten. Als er das Brot bricht, gehen ihnen die Augen auf und sie erkennen ihn. Ihn aber sehen sie nicht mehr. Der Evangelist sagt nicht, Jesus habe sie verlassen, sondern nur, dass sie ihn nicht mehr sahen. Er ist also geblieben, nur sehen konnten sie ihn nicht mehr.

Auf dem Weg haben sie ihn gesehen, aber nicht erkannt. Jetzt beim Brotbrechen haben sie ihn erkannt, aber nicht mehr gesehen. Zeichen und Unterpfand seiner Gegenwart war jetzt das Brot, das er gebrochen und ihnen zum Essen gereicht hat.

In diesem Brot ist der Auferstandene bei ihnen geblieben. Im eucharistischen Brot ist der Auferstandene bleibend auch in unserer Mitte, inmitten seiner Kirche. Emmaus ist die bleibende Mitte der Kirche. Diese Mitte feiern wir in jeder heiligen Messe.

Da ist Jesus also auch bei uns. Wenn im Gottesdienst die Heilige Schrift gelesen wird, spricht er selbst zu uns, wie er zu den Emmausjüngern gesprochen hat. Denn die Bibel ist sein Wort. Es wird nicht nur vorgelesen, er selbst spricht uns an. Dann bricht er wie in Emmaus das Brot, wobei er sich der Hand des Priesters bedient, und reicht sich uns zur Speise. Wir empfangen den Leib des auferstandenen Herrn. Der Auferstandene nimmt leibhaft Platz in unseren Herzen. Das ist viel mehr als das, was Maria Magdalena am Ostermorgen hat erfahren dürfen. Sie hat nur die Füße Jesu umfasst, wir aber nehmen leibhaft ihn in uns auf.

Den Emmausjüngern brannte das Herz. Brennt auch unser Herz, wenn wir die Eucharistie feiern, ihn hören und essen? Um ihn zu erkennen, muss unser Herz jedoch brennen. Denn nur das brennende Herz öffnet uns die Augen, dass wir den unter uns gegenwärtigen Herrn erkennen, auch wenn wir ihn nicht sehen.

Die Gegenwart des Auferstandenen und unsere Gemeinschaft mit ihm macht die Kirche lebendig. Davon lebt die Kirche. Heute ist viel vom Reformstau in der Kirche die Rede, und man versteht darunter doch meist nur die Erfüllung unserer eigenen Wünsche und Vorstellungen. Liegt der eigentliche Reformstau nicht darin, dass unsere Herzen nicht oder nicht genug brennen? Die Kirche lebt aus der Gegenwart des auferstandenen Herrn. Er ist für uns der Weg, die Wahrheit und das Leben. Er zeigt uns Mittel und Wege, auf unsere Fragen die rechten Antworten zu finden, und gibt uns die Kraft, unsere Aufgaben zu meistern. Dazu aber brauchen wir brennende Herzen, die entzündet sind von der Gegenwart des auferstandenen Herrn.

Wir feiern Ostern nur einmal im Jahr, aber immer, jeden Tag sind wir österliche Menschen, mit dem Auferstandenen unterwegs auf den Straßen unseres Lebens. Mit den Emmausjüngern bitten wir ihn: „Herr, bleibe bei uns!“ und halten uns an ihm fest, auf dass unsere Herzen zu brennen, ja zu glühen beginnen und wir den auferstandenen Herrn in unserer Mitte erkennen, auch wenn wir ihn nicht sehen.

14.
Alle Tage bei euch

Am Ostermorgen gab der auferstandene Herr am Grab den Frauen den Auftrag: „Geht und sagt meinen Brüdern, sie sollen nach Galiäa gehen, und dort werden sie mich sehen" (Mt 28,10). Jesus bestellt seine Jünger auf einen Berg in Galiläa. Dort gibt er ihnen ein Versprechen, das Versprechen seiner bleibenden Gegenwart: „Seht, ich bin bei euch alle Tage bis zum Ende der Welt" (Mt 28,20). Dieses Versprechen ist Jesu letztes Wort im Matthäusevangelium.

Wir können sicher sein, Jesus hält, was er versprochen hat. Er ist da, auch bei uns. Aber wie erkennen wir ihn? Doch er ist verborgen. Doch gibt es nicht wenigstens Zeichen, an denen wir sehen können, dass er bei uns ist?

Im Johannesevangelium lesen wir, dass sich der Auferstandene einigen Jüngern am See Genesaret zeigte. Sie waren beim Fischen. Da stand plötzlich Jesus am Ufer, aber sie erkannten ihn nicht. Nur einer sagte: „Es ist der Herr" (Joh 21,7). Das war der Liebesjünger, der sich Jesus tief verbunden wusste. Die Liebe hat ihm die Augen geöffnet, dass er als erster den Herrn erkannte.

Jesus hat sich wiederholt nach seiner Auferstehung gezeigt, zwar nicht vor allem Volk, aber den vorherbestimmten Jüngern. Schon am Ostertag sahen ihn Maria Magdalena, die Apostel, die Emmausjünger. Der hl. Paulus zählt eine ganze Reihe derer auf, die den Auferstandenen gesehen haben und mit denen er gesprochen hat. Die Jünger durften sogar mit ihm essen und trinken.

Durch diese Begegnungen hat Jesus die Apostel und die anderen Jünger befähigt, Zeugen seiner Auferstehung zu sein. Petrus sagte dies ausdrücklich, als er den ersten Heiden, den römischen Hauptmann Kornelius taufte: „Wir sind Zeugen für alles, was er im Land der Juden und in Jerusalem getan hat. Ihn haben sie an den Pfahl gehängt und getötet. Gott aber hat ihn am dritten Tag auferweckt und hat ihn erscheinen lassen, zwar nicht dem ganzen Volk, wohl aber den von Gott vorherbestimmten Zeugen: uns, die wir mit ihm nach seiner Auferstehung von den Toten gegessen und getrunken haben" (Apg 10,39-41).

Jesus ist auch bei uns. Er hat es uns ja versprochen. Doch er zeigt sich uns heute nicht, wie er sich damals den Jüngern gezeigt hat.

Wie zeigt er sich uns heute? Woran können wir sehen, dass er bei uns ist? Darauf gibt uns das Evangelium eine Antwort mit der Geschichte der beiden Emmausjünger.

Jesus geht mit ihnen, spricht mit ihnen, schließt ihnen den Sinn der hl. Schrift auf. Doch sie erkennen ihn nicht. Sie müssen eine beachtliche Strecke mit ihm gegangen sein. Aber die Augen sind ihnen gehalten. Doch irgendetwas haben sie gespürt. Später sagen sie, ihr Herz habe gebrannt, als der Herr mit ihnen ging und zu ihnen sprach. Gegen Abend bitten sie ihn, bei ihnen zu bleiben: „Bleib doch bei uns; denn es wird bald Abend, der Tag hat sich schon geneigt." Jesus erfüllt ihre Bitte, geht mit ihnen in die Herberge, um bei ihnen zu bleiben. Er nimmt das Brot, spricht den Lobpreis, bricht das Brot und gibt es ihnen. Da gehen ihnen die Augen auf und sie erkennen ihn, aber sie sehen ihn nicht mehr (Lk 24,29-31).

In der Heiligen Schrift heißt es nicht, er sei fortgegangen, sondern nur, sie sahen ihn nicht mehr. Er war ja mit ihnen gegangen, um bei ihnen zu bleiben. Das Evangelium sagt das ausdrücklich: „Da ging er mit hinein, um bei ihnen zu bleiben" (Lk 24,29). Dass er tatsächlich bei ihnen blieb, auch wenn sie ihn nicht mehr sahen, das hat er ihnen gezeigt im Brot, das er ihnen reichte und in dem er sich selbst ihnen als Speise gab.

Wie den Emmausjüngern geht es auch uns in der Feier der Eucharistie. Er spricht zu uns im Wort der Hl. Schrift. Beim Hören des Wortes Gottes müssen wir uns von ihm ansprechen lassen. Wir werden seine Stimme nur vernehmen, wenn wir uns von ihm angesprochen wissen. Und im gebrochenen Brot reicht er uns seinen Leib, sich selbst zur Speise. Er ist also da. Wie bei den Emmausjüngern müsste dabei auch unser Herz zu brennen beginnen, entzündet vom gegenwärtigen Herrn.

Nicht nur in der Feier der Eucharistie ist der Auferstandene bei uns. Er sagt: „Wo zwei oder drei in meinem Namen versammelt sind, da bin ich mitten unter ihnen" (Mt 18,20). Er ist es, der uns untereinander verbindet. Und wo die Verbundenheit im Glauben und geschwisterlicher Liebe erfahrbar wird, da wird auch der erfahren, in dem wir eins sind.

Das gilt insbesondere von der Gemeinschaft der Kirche, in der wir alle mit dem Auferstandenen und dadurch auch untereinander verbunden sind. Diese Verbindung ist so eng, dass die Hl. Schrift die Kirche als den Leib Christi bezeichnet und uns Glieder seines Leibes nennt. Die Kirche ist der bleibende Ort der Gegenwart des auferstandenen Herrn in der Welt.

Das ist wahr, auch wenn es manchmal ganz anders aussieht; wenn die Kirche wie ein Schiff auf hoher See vom Sturm geschüttelt wird; wenn Ärgernisse entstehen. Auch da ist er bei uns. Das hat er uns gezeigt, als er mit den Jüngern auf dem See Genesaret in einen Sturm geraten war. Er lag im Schiff und schlief. Die Jünger hatten Angst und riefen: „Meister, kümmert es dich nicht, dass wir zugrunde gehen?" Jesus stand auf und gebot dem Wind Stille (Mt 4,35-41).

Auch in den Stürmen unserer Tage ist der Auferstandene immer bei uns, in der Kirche, beim Gottesdienst, und in unserem alltäglichen Leben, auch dann, wenn manches schief geht, wir hilflos mit leeren Händen dastehen und nicht mehr aus noch ein wissen. Nur die Liebe öffnet uns die Augen, den Herrn zu erkennen. Sie lässt uns durch die Dinge hindurchschauen und sehen: Es ist der Herr.

„Ist hinter allen Dingen,
die scheinbar nicht gelingen,
doch Einer, der mich liebt." (Silja Walter)

Der auferstandene Herr ist mit seiner ganzen Liebe, mit der er sich ans Kreuz für uns dahingegeben hat, alle Tage bei uns.

Schauen wir darum mit den liebenden Augen des Glauben auf ihn, dann werden wir ihn erkennen wie der Liebesjünger am See: „Es ist der Herr!"

15.
Die ausgestreckte Hand

In den Evangelien wird uns nirgendwo die Auferstehung Jesu beschrieben. Es war ja auch niemand dabei. Als die Jünger das leere Grab entdecken, war schon alles geschehen. Und wenn jemand im Grab dabei gewesen wäre, was hätte er gesehen? Nichts. Er hätte nur festgestellt: der tote Jesus ist nicht mehr da.

Denn was in diesem Augenblick geschah, war eine Tat des himmlischen Vaters. Jesus ist auferstanden, weil der Vater ihn auferweckt hat. Der Vater hat den toten Jesus in sein göttliches Leben geholt. Der Gekreuzigte ist in die Herrlichkeit Gottes hinein auferstanden. Das ist für uns nicht wahrnehmbar. Dazu müssten wir Gott unverhüllt schauen. Das aber können wir erst im Himmel.

Die Jünger bezeugen die Auferstehung, indem sie den Auferstandenen bezeugen. Denn ihn haben sie gesehen. Er hat sich ihnen in Erscheinungen gezeigt. Das geschah in einer Gestalt, in der sie ihn sehen, ja sogar berühren konnten. Was sie sahen, war kein Phantom, sondern leibhafte Wirklichkeit. Maria Magdalena hat den Auferstandenen am Ostermorgen umarmt, als Jesus zu ihr sagte: „Halte mich nicht fest!“ (Joh 20,17). Und mit den Jüngern hat er gegessen und getrunken, damit sie sehen, er ist leibhaft erstanden.

Diese Begegnungen mit dem auferstandenen Herrn erleben die Jünger als einen Einbruch, der ihr Leben verwandelte. Am Ostertag schließen sich die Jünger ein aus Angst vor den Juden. Die beiden Emmausjünger sagen zu Jesus, der unerkannt mit ihnen geht: „Wir aber hatten gehofft, dass er Israel erlösen werde“ (Lk 24,21). Mit Jesu Tod war ihre Hoffnung gestorben.

Mit dem auferstandenen Herrn aber ist ihnen eine Sonne aufgegangen, in deren Licht sie alles neu sehen; vor allem den Kreuzestod Jesu erkennen sie als Sieg der Liebe Gottes über Sünde und Tod. Dadurch werden sie verwandelt. Die kleine Schar der hoffnungslos gewordenen Jünger wird zum Hoffnungsträger für die ganze Welt. Ihre Hoffnung lebt in unserer Hoffnung fort. Die Begegnung mit dem Auferstandenen und die Gemeinschaft mit ihm verwandelt ihr Leben derart, so dass es sich lohnt, dafür sogar zu sterben. Und in der Tat, sie alle sind für ihr Leben mit Christus als Märtyrer gestorben. Mit ihrem Blut haben sie die Auferstehung Jesu bezeugt.

Der Auferstandene hat an Ostern nicht nur in das Leben der Jünger verwandelt. Die ganze Welt wird verwandelt werden. Alle will er teilnehmen lassen an seiner Auferstehung. Er ist ja nicht nur für alle gestorben, er ist auch für alle auferstanden. Aus dem Ostern Jesu damals in Jerusalem soll ein Ostern der Welt werden. In Jerusalem verehren wir das heilige Grab. Aus ihm ist der Herr auferstanden und eingegangen in die Herrlichkeit Gottes, des Vaters. Aus diesem Grab kommt er auch auf uns zu, um uns mitzunehmen zum Vater.

Das geschieht durch die Botschaft der Apostel. Mit der Botschaft seiner Auferstehung sendet er sie in die Welt hinaus. Schon am Osterabend sagt er zu ihnen: „Wie mich der Vater gesandt hat, so sende ich euch“ (Joh 20,21). Und bei seinem Abschied gibt er ihnen den Auftrag: „Geht zu allen Völkern, und macht alle Menschen zu meinen Jüngern; tauft sie auf den Namen des Vaters und des Sohnes und des Heiligen Geistes, und lehrt sie, alles zu befolgen, was ich euch geboten habe. Seht, ich bin bei euch alle Tage bis zum Ende der Welt“ (Mt 28,19 f.). So ist die Osterbotschaft auch zu uns gekommen. Und in der Botschaft kommt er selbst. Auch unser Leben soll verwandelt und neu werden durch die Begegnung mit dem auferstandenen Herrn.

Gilt das auch für unsere Welt heute? Österlich sieht sie wirklich nicht aus. Da werden sinnlose Kriege geführt, an vielen Orten herrschen Terror und Gewalt. Menschen werden misshandelt und entführt. Der Zug des Elends der Flüchtlinge reißt nicht ab. Sie suchen Orte, wo sie menschenwürdig leben können. Naturkatastrophen und Unfälle reißen Tausende ins Elend und in den Tod. Der Absturz eines Flugzeugs vor einiger Zeit stürzte viele Jugendliche und Erwachsene in den Tod und die Angehörigen in unsagbares Leid.

Wir alle stehen hilflos vor dieser todbringenden Katastrophe. Und wie geht Gott damit um? Im Zusammenhang mit dem Flugzeugunglück stand in der Zeitung zu lesen: „Warum? fragen die Kinder“ Aber so fragen ja auch wir. Und dann heißt es weiter: „Es gibt nicht auf alles im Leben eine Antwort, sagt der Betreuer.“ Das stimmt nur zum Teil. Wir haben keine Antwort. Aber Gott gibt Antwort, und zwar auf alles Leid und allen Tod in der Welt. Diese Antwort gibt er uns im Tod und in der Auferstehung Jesu. Der gekreuzigte und auferstandene Herr ist Gottes Antwort. In seinem Leiden und Sterben am Kreuz hat Jesus, der Sohn Gottes, alles Leid auf sich genommen, auch das Leiden und Sterben unserer Tage. Er leidet mit uns, damit wir mit ihm auferstehen. Das ist Gottes Plan, uns teilhaben lassen an der Auferstehung seines Sohnes Jesus Christus.

Und das ist kein leeres Versprechen, das wird er durchsetzen. In der Auferweckung des gekreuzigten Heilandes hat der Vater gezeigt, dass der Tod vor ihm machtlos ist. Gott liebt uns so sehr, dass er durch den auferstandenen Christus auch uns zum ewigen Leben auferwecken wird. Das ist die Wahrheit. Und die Wahrheit ist stärker als alle Macht. Keine Macht der Welt und keine Macht der Unterwelt, der Hölle, kann der Allmacht der Liebe Gottes etwas anhaben. Gottes Liebe hat am Kreuz den Sieg errungen und ihn in der Auferstehung offenbar gemacht. Daran dürfen wir teilhaben.

Das wird Gott durchsetzen; aber er tut das nicht gegen unseren Willen. Wir müssen uns mitnehmen lassen. Die Steine vor unseren Gräbern sind weggerollt. Unser Ostern hat schon begonnen. Der Vater, der den toten Sohn aus dem Grab herausgeholt hat, streckt auch uns seine Hand entgegen, um uns aus unseren Gräbern herauszuholen, und das schon jetzt; aus den Gräbern unserer Selbstbezogenheit, Gleichgültigkeit und Hartherzigkeit, aus den Gräbern von Neid, Bosheit und Missgunst, aus den Gräbern unserer Verstrickungen, die uns die Freiheit nehmen und uns den Blick auf das Wesentliche verstellen.

Die Hand, die uns der Vater entgegenstreckt, ist der auferstandene Sohn. An ihm müssen wir uns festhalten, d. h. an ihn glauben. Wir sehen das an Petrus. Als er auf dem See Genesareth Jesus entgegengeht, beginnt beim Herannahen einer Woge sein Glaube zu wanken und sogleich sinkt er ins Wasser. Jesus streckt ihm die Hand entgegen, zieht ihn heraus und fragt ihn: „Du Kleingläubiger, warum hast du gezweifelt?“(Mt 14,31). Hier wird sichtbar, was glauben heißt. Glaube heißt nicht, Katechismuswahrheiten aufsagen können, sondern sich mit großem Vertrauen an Jesus festhalten.

Am Ende unseres irdischen Lebens holt er uns aus dem Tod heraus in sein ewiges Leben. Das hat er uns versprochen: „Es ist der Wille meines Vaters, dass alle, die den Sohn sehen und an ihn glauben, das ewige

Leben haben und ich sie auferwecke am Letzten Tag“ (Joh 6,40).

Der auferstandene Herr, die ausgestreckte Hand Gottes, ist bei uns, um uns mitzunehmen in das ewige Leben beim Vater, wohin er uns in seiner Auferstehung vorausgegangen ist. Halten wir uns im Glauben an ihm fest und lassen wir uns von ihm mitnehmen in das ewige Leben, in die Herrlichkeit Gottes am Herzen des Vaters.

16.
In die Arme des Vaters

Auf einer Osterkerze sah ich dargestellt, wie der barmherzige Vater den verlorenen Sohn in seine Arme schließt. Mit diesem Bild verkündet uns die Kerze das Osterevangelium von der Auferstehung des Herrn als unsere Auferstehung.

Wir alle kennen das Gleichnis Jesu aus dem Evangelium: Der jüngere Sohn verlässt den Vater, zieht in die Fremde, verschleudert sein Gut und führt ein Sündenleben. Dort erfährt er das Elend und die Verlorenheit, in die er gestürzt ist, weil er den Vater verlassen hat (Lk 15,11-32).

Dieser Sohn ist ein Bild des sündigen Menschen, ein Bild von uns Sündern. Die Sünde führt uns von Gott weg, in die Fremde, in das Elend. Das größte Elend des Menschen sind nicht Armut, Krankheit, Unglück, sondern die Sünde, das Leben ohne Gott. Denn die Sünde liefert uns dem Tod aus. „Der Lohn der Sünde ist der Tod“ (Röm 6,23), sagt der hl. Paulus.

Das sieht man jedoch nur, wenn man um Gott weiß und darum, dass er uns Vater ist und unser Menschsein daraufhin angelegt ist, bei Gott zu leben und bei ihm geborgen zu sein.

Im Gleichnis geht dem verlorenen Sohn in seinem Elend auf, wie gut er es bei seinem Vater hatte. Er macht sich auf und kehrt zum Vater zurück.

Auch wir sündige Menschen müssen umkehren, heimkehren zu Gott. Können wir das? Das können wir nicht. Wie ein Toter sich nicht selbst wieder lebendig machen kann, so kann auch der Sünder nicht sich selbst von der Sünde befreien und in die Gemeinschaft mit Gott zurückkehren. Das kann nur Gott bewirken. Und Gott will, dass wir zu ihm heimkehren. Dazu muss er uns helfen.

Darum kommt der Sohn Gottes zu uns in die Welt und wird für uns der verlorene Sohn. Gottes Sohn ist Mensch geworden. Doch er hat nicht nur unser Menschsein angenommen, er hat auch unsere ganze Sündenlast auf sich genommen. Um uns das zu zeigen, stieg er mit den Sündern in den Jordan und ließ sich von Johannes taufen. Und der Täufer weist auf ihn hin und erklärt: „Seht das Lamm Gottes, das die Sünde der Welt hinwegträgt“ (Joh 1,29).

Mit der Sünde der Welt beladen macht sich Jesus als der verlorene Sohn auf den Weg und kehrt zum Vater heim. Der Weg zum Vater führt über das Kreuz. Der Apostel Petrus sagt: „Er hat unsere Sünden mit seinem Leib auf das Holz des Kreuzes getragen“ (1 Petr 2,24). Im Gleichnis wirft sich der heimkehrende Sohn in die

Arme des barmherzigen Vaters. So hat sich der mit unserer Sünde beladene Jesus am Kreuz in die Arme des himmlischen Vaters geworfen und gerufen: „Vater, in deine Hände lege ich meinen Geist“ (Lk 23,46). Und der Vater hat ihn in seine Arme geschlossen und ihn aufgenommen in sein göttliches Leben. Das ist Ostern. Im Gleichnis sagt der Vater über die Heimkehr des Sohnes: „Er war tot und lebt wieder“ (Lk 15,32). Er lässt das beste Gewand für den Heimgekehrten bringen, dazu Ring und Schuhe. Das sind Bilder, mit denen das Gleichnis anschaulich macht, der heimgekehrte Sohn ist aufgenommen in das Leben mit dem Vater. Er hat wieder nachhause gefunden in das Leben und die Freude beim Vater.

Das ist ein Bild für das, was an Ostern geschah. Der himmlische Vater hat seinen am Kreuz gestorbenen Sohn aus dem Grab geholt, in seine Arme geschlossen und hineingenommen in sein göttliches Leben. Der gekreuzigte Heiland lebt nun mit dem Vater sein göttliches Leben.

Das ist Ostern, Jesu Ostern, und es soll unser Ostern werden. Denn was damals geschah, geschah für uns. Der Vater und der Sohn haben zusammen gewirkt, um uns verlorene Söhne und verlorene Töchter aus der Gottesferne der Sünde heimzuholen in die Arme des barmherzigen Vaters.

Dorthin, in sein Ostern nimmt uns Jesus mit. Diese unsere Heimholung hat schon begonnen. Jesu Auferstehung weitet sich aus in uns hinein. Er nimmt uns jetzt schon in seine Auferstehung hinein. Mit Jesus sind wir bereits heimgekehrt zum Vater. „Ihr hattet euch verirrt wie Schafe, jetzt aber seid ihr heimgekehrt zum Hirten und Bischof eurer Seelen“ (1 Petr 2,25), schreibt der hl. Petrus. Wir sind bei Jesus und mit ihm beim Vater. Mit Jesus hat der Vater auch uns in seine Arme geschlossen.

Freilich, dieses Ostern ist noch in uns verborgen. Aber es ist schon Wirklichkeit und durchzieht unser ganzes Leben. Das bezeugt uns der hl. Paulus, wenn er schreibt: „Gott aber, der voll Erbarmen ist, hat uns, die wir infolge unserer Sünden tot waren, in seiner großen Liebe, mit der er uns geliebt hat, zusammen mit Christus wieder lebendig gemacht. Aus Gnade seid ihr gerettet. Er hat uns mit Christus auferweckt“ (Eph 2,4-6). Wir sind österliche Menschen, weil wir jetzt schon teilhaben an der Auferstehung Jesu.

Das muss sich in unserem Leben auch auswirken. Die Auferstehung in Christus soll unserem Leben seine Ausrichtung geben. Dazu ruft uns Paulus auf: „Ihr seid mit Christus auferweckt; darum strebt nach dem, was im Himmel ist, wo Christus zur Rechten Gottes sitzt. Richtet euren Sinn auf das Himmlische und nicht auf das Irdische“ (Kol 3,1f.).

Weil wir jetzt schon teilhaben an Christi Auferstehung, dürfen wir auch jetzt schon Festmahl halten. Dazu wird kein Mastkalb geschlachtet wie im Gleichnis. In der Feier der Eucharistie dürfen wir das Osterlamm essen. Das ist Jesus Christus. Als Osterlamm ist er für uns geopfert worden (vgl. 1 Kor 5,7). Wir empfangen den Leib, mit dem der Herr am Kreuz gestorben und siegreich aus dem Grab erstanden ist. Das Osterlamm, das uns als Speise gereicht wird, ist der auferstandene Herr. Er lebt in uns. Mit seinem glorreichen Leib ernährt er uns und nimmt uns immer tiefer in das Geheimnis seiner Auferstehung hinein.

Was jetzt verborgen an uns geschieht, wird am Ende offenbar werden. Unser „Leben ist mit Christus verborgen in Gott. Wenn Christus, unser Leben, offenbar wird, werdet auch ihr mit ihm offenbar werden in Herrlichkeit" (Kol 3,4). Dann werden wir ihn schauen von Angesicht zu Angesicht und beglückt erfahren, dass der Vater uns verlorene Söhne und Töchter in seine Arme schließt, uns an sein Herz drückt und uns so tief in seine Liebe hineinholt, dass von uns gilt, was Jesus über seine Einheit mit dem Vater sagt: „er in mir und ich in ihm" (Joh 14,10). Das wird sich auch an uns erfüllen: wir in Gott und Gott in uns. Dann vollendet sich an uns das Ostern, das vor 2000 Jahren am dritten Tag nach Jesu Tod am Kreuz in Jerusalem begonnen hat: wir in Gott und Gott in uns.

17.
Alle Tage Ostern

Vor nicht langer Zeit wurde die Renovierung des hl. Grabes in der Auferstehungskirche in Jerusalem abgeschlossen. Bei diesen Arbeiten wurde seit 200 Jahren zum ersten Mal die Marmorplatte gehoben, die auf der Stelle lag, wohin Jesus nach seiner Kreuzigung gelegt worden war. Die Arbeiter sahen das Grab leer, wie es Maria Magdalena sowie Petrus und der andere Jünger am Ostermorgen gesehen haben.

Das Grab ist leer. Aber von ihm geht eine Botschaft aus, die voller Leben ist und in die ganze Welt hinausgehen, ja die Welt verwandeln soll. Der Engel am Grab bringt den stummen Stein zum Sprechen und verkündet Maria Magdalena und den Frauen, die am Ostermorgen den toten Jesus suchen: „Ihr sucht Jesus, den Gekreuzigten. Er ist auferstanden; er ist nicht hier. Seht, da ist die Stelle, wo man ihn hingelegt hatte“ (Mk 16,6).

Von den Toten erstanden erscheint Jesus seinen Jüngern. Es sieht zwar so aus, als sei er in sein Leben zurückgekehrt, das er vor seinem Tod gelebt hatte. Er tut dies, um ihnen zu zeigen, dass er nicht mehr tot im

Grab liegt, sondern lebt. Doch an Ostern ist Jesus nicht in sein altes Leben zurückgekehrt, sondern auferstanden hinein in die Arme des himmlischen Vaters, eingetaucht in die unendliche Fülle des göttlichen Lebens. Das ist freilich eine Wirklichkeit, die wir mit unseren Sinnen nicht wahrnehmen können und die unser Vorstellen und Begreifen unendlich übersteigt.

Gleich am Ostermorgen, beim Grab, darf Maria Magdalena als erste dem Herrn begegnen. Dazu zeigt sich ihr der auferstandene Jesus in einer Gestalt, die sie wahrnehmen konnte. Kein Sterblicher kann den Auferstandenen im Lichtglanz seiner göttlichen Herrlichkeit schauen. Jesus ist da; er ist es, aber ganz anders. Zunächst meint sie, es sei der Gärtner. Erst als der Herr sie mit ihrem Namen anspricht, gehen ihr die Augen auf und sie erkennt: Er ist es.

Sie hat keine Vision, sondern Jesus begegnet ihr leibhaft, so leibhaft, dass sie ihn umarmen kann. Doch Jesus sagt zu ihr: „Halte mich nicht fest; denn ich bin noch nicht zum Vater hinaufgegangen“ (Joh 20,17). Das endgültige Miteinander findet nämlich nicht in dieser Welt statt, sondern erst am Ende der Zeit in der Herrlichkeit beim Vater.

Jetzt geht es darum, die Botschaft von der Auferstehung hinauszutragen in die ganze Welt. Maria Magdalena darf damit beginnen. Jesus bestellt sie zur Apostolin der Apostel und sendet sie zu seinen Jüngern mit der Botschaft seiner Auferstehung. Die zwölf Apostel wird der Herr dann auch als „Zeugen seiner Auferstehung“ (Apg 1,22) aussenden, dass sie die Osterbotschaft bis an die Grenzen der Erde tragen (Apg 1,8).

Denn diese Botschaft ist für alle Menschen bestimmt. Sie hat, wo sie aufgenommen wird, eine verwandelnde Kraft. In ihr wird uns nämlich nicht nur berichtet, was mit Jesus geschah, in ihr rührt der Auferstandene selbst an unser Herz, um uns neues Leben zu schenken, uns zu neuen Menschen zu formen.

Wir sehen dies an den ersten Zeugen, die dem Auferstandenen begegnen durften. Aus der weinenden, verzweifelten Maria Magdalena wird eine frohe Botin des Auferstandenen. Die beiden Emmausjünger, die alle Hoffnung verloren hatten und darum Jerusalem und den Kreis der Jünger verlassen hatten, kehren sofort um, gehen zurück und schließen sich wieder der Jüngergemeinschaft an. Die Apostel waren am Ölberg alle geflohen, ließen sich bei der Kreuzigung nicht sehen und noch am Ostertag versammelten sie sich aus Furcht vor den Juden hinter verschlossenen Türen. Die Begegnung mit dem auferstandenen Herrn verwandelt sie in neue Menschen. Mutig legen sie Zeugnis für Jesus ab und bezeugen den Auferstandenen mit ihrem Blut. Oder denken wir an Paulus den Verfolger, der durch die Begegnung mit dem Auferstandenen auf der Stelle ein glühender Jünger Jesu wurde.

Dem auferstandenen Herrn zu begegnen, ist kein Privileg der ersten Jünger. Wir alle dürfen ihm begegnen. Er ist auch bei uns. Er hat es uns versprochen: „Seht, ich bin bei euch alle Tage bis zum Ende der Welt“ (Mt 28,20). Er ist bei uns und zieht uns an sich. Auch das hat er uns versprochen: „Wenn ich von der Erde erhöht bin, werde ich alle an mich ziehen“ (Joh 12,32).

Und wo geschieht das? Wenn wir das Evangelium hören, spricht er zu uns und ruft uns zu sich. Und in der hl. Kommunion reicht er uns seinen Leib zur Speise. Das ist sein Leib, derselbe Leib, in dem er am Kreuz für uns starb und in dem er von den Toten erstanden ist.

Wir sind dem auferstandenen Herrn so nahe wie die ersten Jünger, wie Maria Magdalena, wie die Emmausjünger und die Apostel. Die Begegnung mit ihm soll auch uns zu neuen Menschen verwandeln. Doch das hängt auch von uns ab, von dem Maß, in dem wir Jesus in uns aufnehmen und uns von ihm erfassen lassen. Es geht also um das Maß unserer Liebe, mit der wir uns dem Herrn öffnen und ihn unser Leben bestimmen lassen. Dann leben wir im Licht des Auferstandenen. In diesem Licht sehen wir mit neuen Augen; wir sehen mehr und sehen tiefer. Die Maßstäbe, nach denen wir leben, werden neu geordnet, und die Perspektive unseres Lebens wird auf unsere Auferstehung mit Christus ausgerichtet. In dem Maß, in dem wir uns vom auferstandenen Herrn erfassen lassen, leben wir anders, verwandelt als neue Menschen.

Diese Aufgabe stellt sich uns nicht nur an Ostern, sondern jeden Tag. Seit Christus auferstanden ist, ist jeder Tag für uns Ostern. An jedem Tag können wir dem

Auferstandenen begegnen und ihm so nahe sein wie Maria Magdalena. Jeden Tag geht Jesus mit uns auf den Straßen unseres Lebens, so wie er am Ostertag mit den beiden Jüngern nach Emmaus gegangen ist. Und jeden Tag bricht er mit uns in der Eucharistie das Brot und reicht uns seinen Leib als Speise wie in der Herberge in Emmaus, auf dass auch uns die Augen aufgehen und wir erkennen: Es ist der Herr.

Feiern wir also Ostern nicht nur heute, sondern alle Tage, indem wir jeden Tag dem auferstandenen Herrn begegnen und in seinem Licht als neue Menschen leben.

Dieses große Geschenk ist nicht nur uns zugedacht, sondern alle Welt soll von der Auferstehung Christi erfüllt werden. Dazu braucht Jesus Menschen als seine Boten. Angefangen hat dies mit Maria Magdalena. Und so ging es weiter mit den Aposteln, und heute sind wir an der Reihe. Vor seiner Heimkehr zum Vater trug Jesus seinen Jüngern auf, sein Evangelium und darin ihn selbst zu allen Völkern zu tragen bis an die Grenzen der Erde (Mt 28,19). Dieser Auftrag gilt heute uns. In aller Welt soll es Ostern werden. Ein Blick auf unsere Welt zeigt uns, wie weit wir noch davon entfernt sind. Umso wichtiger ist es, dass wir dort, wo wir stehen, als Menschen leben, die dem Auferstandenen begegnet sind und darum anders, als neue, als österliche Menschen leben und so durch unser Zeugnis beitragen zur Verwandlung der Welt.

Vollendet wird, was an Ostern im hl. Grab in Jerusalem begonnen hat, erst am Ende der Zeit, wenn der Auferstandene wiederkommt, nicht in verbergender Gestalt wie zu Maria Magdalena, den Emmausjüngern und den Aposteln, sondern zu uns allen unverhüllt im Licht seiner göttlichen Herrlichkeit. Und wenn er offenbar wird, werden auch wir mit ihm offenbar werden in Herrlichkeit (Kol 3,4). Unser armseliger Leib wird verwandelt werden in die Gestalt seines verherrlichten Leibes (Phil 3,21). Und dies geschieht, indem er uns hineinnimmt in das, was am Ostermorgen im hl. Grab mit ihm geschah. Wir werden hineingetaucht in die Auferstehung Jesu. Mit dem auferstandenen Herrn dürfen wir dann ewig leben, wo er lebt: am Herzen des Vaters.

III.
Zum Pfingstfest

18.
Unser Pfingsten

Was ist uns Pfingsten? Diese Frage richtet sich nicht an jene, für die dies Fest lediglich ein willkommener Anlass zu einem Ausflug ist. Sie richtet sich an uns, die wir im Credo bekennen: Ich glaube an den Heiligen Geist. Was ist uns Pfingsten?

Wir erinnern uns an das, was vor 2000 Jahren in Jerusalem geschehen ist. In der Apostelgeschichte lesen wir, wie damals Gottes Geist im Zeichen von Sturm und Feuerzungen auf die ersten Jünger Jesu herabkam (Apg 2,1-13).

Daran erinnern wir uns heute. Doch ist dieses Fest nur Erinnerung? Ist es nicht viel mehr?

Der Heilige Geist ist das große Geschenk des auferstandenen Herrn an seine Jünger. Im Evangelium verspricht er ihnen den Heiligen Geist: „Wenn der Beistand kommt, den ich euch vom Vater aus senden werde, der Geist der Wahrheit, der vom Vater ausgeht, dann wird er Zeugnis für mich ablegen. Und auch ihr sollt Zeugnis ablegen" und der Geist „wird euch in die ganze Wahrheit führen" (Joh 15,26 f., 16,13). Jesus wird ihn den Jüngern senden als Beistand und Helfer, als

Geist der Wahrheit, der ihnen die Augen für die ganze Wahrheit öffnet; und als Kraft, die die Jünger zum Zeugnis für Christus befähigt.

Vor der Himmelfahrt fragen die Jünger den Herrn, wie es nun weitergeht. Darauf antwortet ihnen Jesus: „Ihr werdet die Kraft des Heiligen Geistes empfangen, der auf euch herabkommen wird, und ihr werdet meine Zeugen sein in Jerusalem und in ganz Judäa und Samaria und bis an die Grenzen der Erde“ (Apg 1,8). Damit gibt Jesus den Jüngern zu verstehen: Der Geist wird dafür sorgen, dass es weitergeht und wie es weitergeht.

Der Heilige Geist ist das große Versprechen, das Jesus den Seinen gegeben hat. Dieses Versprechen erfüllt er an Pfingsten. Da beschenkt er sie mit seinem Geist.

Das wird daran sichtbar, dass jetzt den Aposteln die Augen aufgehen. Der Geist öffnet sie ihnen und sie erkennen die Wahrheit von Jesus Christus. Sie wussten zwar von ihm schon vieles. Aber worum es in seinem Leben und Sterben ging, war ihnen noch verborgen. Jetzt geht ihnen auf: Jesus ist mit seinem Tod am Kreuz nicht gescheitert, sondern hat Tod und Sünde und alle gottfeindlichen Mächte besiegt. Sein Lebensende war kein Scheitern, sondern ein Sieg. Das zeigt sich in seiner Auferstehung und seiner Erhöhung zur Rechten Gottes.

Der Heilige Geist hat den Aposteln die Augen geöffnet. Von ihm erleuchtet und gestärkt legen sie nun dafür

Zeugnis ab. Petrus tut dies in seiner Pfingstpredigt: „Diesen Jesus hat Gott auferweckt, dafür sind wir alle Zeugen. Nachdem er durch die rechte Hand Gottes erhöht worden war und vom Vater den verheißenen Heiligen Geist empfangen hatte, hat er ihn ausgegossen, wie ihr seht und hört. ... Gott hat ihn zum Herrn und Christus gemacht, diesen Jesus, den ihr gekreuzigt habt“ (Apg 2,32f.36).

Im Zeugnis der Apostel wird sichtbar, wie Gottes Geist in ihnen und durch sie wirkt. Doch seine Wirkung reicht weiter, über den Kreis der Jünger hinaus. Wir sehen dies an den 3000, die auf die Predigt des Petrus hin zum Glauben kommen und sich taufen lassen. Hier beginnt sich zu erfüllen, was Jesus vor seinem Leiden gesagt hatte: „Wenn ich über die Erde erhöht bin, werde ich alle an mich ziehen“ (Joh 12,32). Durch den Heiligen Geist zieht Jesus die Menschen zu sich hin, verbindet sich mit ihnen und baut so seine Kirche auf.

Wie tief diese Verbindung Jesu mit den Seinen reicht, sagt der Herr dem Paulus, als dieser die Christen in Damaskus verfolgt und gefangen nach Jerusalem bringen will. Vor der Stadt erscheint ihm Jesus und fragt ihn: „Saul, Saul, warum verfolgst du mich?“ Er entgegnet: „Wer bist du, Herr?“ und erhält die Antwort: „Ich bin Jesus, den du verfolgst“ (Apg 9,4f.). Saulus hat aber doch gar nicht Jesus, sondern die Christen verfolgt. Trotzdem antwortet ihm Jesus: Warum verfolgst du mich? Jesus identifiziert sich also mit den Seinen, mit der Kirche; so eng ist er mit ihr verbunden. Später wird Paulus sagen: Christus ist das Haupt, die Kirche ist sein Leib, wir aber sind die Glieder seines Leibes (vgl. 1 Kor 12,27; Eph 1,22f.).

Das bewirkt Jesus durch seinen Geist. So innig können wir uns mit Jesus nicht verbinden. Das tut er selbst durch den Heiligen Geist. Durch den Geist lebt er in seiner Kirche; durch den Geist nimmt er uns mit auf seinem Weg.

Begonnen hat das mit dem Kommen des Geistes vor 2000 Jahren in Jerusalem. Das Pfingsten damals war jedoch nur der Anfang. Pfingsten geschieht auch heute und geht weiter in die Zukunft. Durch den Geist lebt Jesus auch in unseren Tagen in der Kirche, nimmt uns auch heute mit auf seinem Weg und macht so die Geschichte der Kirche und auch die unseres Lebens zu einer Siegesgeschichte.

Sie werden dem entgegenhalten: Das alles sind schöne Worte; die Kirche von heute sieht doch ganz anders aus. Das stimmt: Da gibt es Fehler und Sünden, menschliches Versagen und Missbräuche verschiedenster Art.

Woher kommt das? Nicht vom Heiligen Geist, es kommt von uns. Wir beflecken die Kirche mit unseren Sünden und Fehlern, wir entstellen ihr Antlitz, so dass Jesus nur noch schwer in ihr zu erkennen ist. Doch das bedeutet nicht, dass Christus seine Kirche verlassen hätte und nicht mehr in ihr lebt. Als Jesus blutüberströmt zur Kreuzigung geführt wurde, blieb er dennoch der Sohn Gottes. Und wenn jetzt die Kirche aus den Wunden blutet, die wir ihr schlagen, bleibt der Herr immer noch in ihr anwesend, ist sie immer noch sein Leib, wie der Apostel Paulus sagt. Denn durch das unzerreißbare Band des Heiligen Geistes hat Jesus die Kirche zu seinem Sakrament in der Welt gemacht, zum sichtbaren Zeichen seiner Gegenwart, in dem er uns begegnet und uns Gemeinschaft mit sich schenkt.

Der französische Theologe Henri de Lubac hat dies eindrucksvoll so beschrieben: „Wenn nicht Jesus Christus ihren Reichtum bildet, dann ist die Kirche erbärmlich. Und sie ist steril, wenn der Geist Jesu Christi nicht in ihr blüht. Ihr Gemäuer zerbröckelt, wenn Christus nicht mehr ihr Bauherr ist, und wenn der Geist nicht den Mörtel bildet für die ‚lebendigen Steine, aus denen sie sich auferbaut'. Sie bleibt ohne Schönheit, wenn sie nicht die einzige Schönheit des Antlitzes Jesu Christi widerspiegelt. ... All ihre Unterweisung ist Lüge, wenn sie nicht die Wahrheit, die Jesus Christus ist, verkündet. All ihre Herrlichkeit ist eitel, wenn sie sie nicht in die Demut Jesu Christi verlegt. Ihr Name selbst bleibt uns fremd, wenn er nicht unmittelbar in uns den einzigen Namen weckt, in dem Menschen ihr Heil finden können. Sie gilt uns für nichts, wenn sie nicht das Sakrament, das wirksame Zeichen Jesu Christi für uns ist."

Ohne Christus ist die Kirche nichts. Er ist ihr ganzer Reichtum. Wir nennen sie darum das Sakrament Jesu Christi. Das heißt: In der sichtbaren Gestalt seiner Kirche zeigt er, dass er bei uns ist; und in heiligen Zeichen und Handlungen empfangen wir seine Liebe. Durch die sichtbare Kirche verbindet er uns aufs innigste mit sich und dadurch mit Gott; er teilt sich uns mit und nimmt uns auf in die Lebensgemeinschaft, in der er mit dem Vater lebt (vgl. Lumen Gentium 1).

Das alles bewirkt Jesus durch den Heiligen Geist. Wie Gott bei der Erschaffung des Menschen dem Adam das Leben eingehaucht hat, so haucht er seiner Jüngergemeinde seinen Geist ein und macht sie zur lebendigen Kirche.

Das bedeutet uns Pfingsten: Das Geburtsfest der Kirche, in der Jesus Christus durch seinen Geist bei uns ist. In ihrer sichtbaren Gestalt begegnen wir Jesus, dem Sohn Gottes, also Gott selbst.

Durch die Kirche macht Jesus wahr, was er vor seinem Leiden gesagt hat: „Wenn ich von der Erde erhöht bin, werde ich alle an mich ziehen" (Joh 12,32). Mit der Kraft seines Geistes zieht er heute auch uns an sein Herz. Die Heiligen zeigen uns, welche Rolle uns dabei zufällt. Es braucht keine aufsehenerregenden Taten; vielmehr gilt es, auf Jesus zu schauen, auf ihn zu hören und zu tun, was er von uns erwartet; d. h. vor allem die Liebe üben, die Gottes Geist in uns ausgießt (Röm 5,5). So erneuern wir uns, und so erneuert sich auch die Kirche. Nicht durch Programme, Tagungen, Reden, Aktionen erneuert sie sich, sondern dadurch, dass wir uns dem göttlichen Geist öffnen und uns von ihm leiten lassen (Röm 8,12). Darum geht es an

Pfingsten, und nicht nur an Pfingsten, sondern an allen Tagen unseres Lebens. Öffnen wir uns dem Heiligen Geist und lassen wir uns von ihm auf den Weg mit Jesus führen. Durch seinen Geist zieht uns Jesus zu sich und hinein in das unendliche Meer der Liebe Gottes, an das Herz Gottes, des Vaters.

19.
Der Geist macht sichtbar

Die Kirche muss sich erneuern. Das rufen heute alle: nicht nur die Gläubigen in unseren Gemeinden, auch die Priester und die Bischöfe. Das war auch das Anliegen von Papst Benedikt und ist ebenso das vorrangige Anliegen von Papst Franziskus.

Die Kirche muss sich erneuern. Warum eigentlich? Geht es nicht auch so, ja sogar ohne sie? Viele brauchen sie ja gar nicht.

Warum brauchen wir die Kirche? Wir brauchen sie, weil wir Gott brauchen. Und Gott brauchen wir, weil wir von seiner Liebe leben. Das ist so, auch wenn viele das nicht so sehen. Sehen kann man diesen Zusammenhang nur im Glauben. Um diesen Zusammenhang geht es an Pfingsten und nicht nur an Pfingsten, sondern immer.

Schauen wir auf die Anfänge der Kirche. In der Apostelgeschichte lesen wir, was am ersten Pfingsten in Jerusalem geschehen ist: das Brausen des Sturmes und die Feuerzungen, das Sprechen und Verstehen in fremden Sprachen. Viele kamen daraufhin zum Glauben und ließen sich taufen (Apg 2,1-4).

Das war die äußere, sichtbare Seite der Vorgänge in Jerusalem. Was im Inneren der Menschen unsichtbar vor sich ging, war das Kommen des göttlichen Geistes: „Alle wurden mit dem Heiligen Geist erfüllt", heißt dort (Apg 2,4). Der hl. Paulus beschreibt, was da geschah und auch bei uns geschieht: „Die Liebe Gottes ist ausgegossen in unsere Herzen durch den Heiligen Geist, der uns gegeben ist" (Röm 5,5).

Die Quelle, aus der Gottes Geist in unsere Herzen strömt, ist der gekreuzigte, auferstandene Christus. Der am Kreuz sein Leben aushauchte, haucht nun seinen lebenspendenden Geist in seine Kirche hinein. Und aus seinem Herzen, aus dem am Kreuz Blut und Wasser floss, ergießt sich nun der Strom des Gottesgeistes in unsere Herzen.

Im Kreuz des Herrn zeigt uns Gott, wer er ist. „Gott hat die Welt so sehr geliebt, dass er seinen Sohn für uns hingab" (Joh 12,32). Der Vater hat den Sohn hingegeben, und der Sohn hat sich hingegeben – und beide taten dies für uns. In dieser Hingabe zeigt uns Gott, wer er ist: er ist Liebe und schenkt sich uns in seiner Liebe. Im Heiligen Geist strömt diese Liebe aus dem Herzen des auferstandenen Herrn in unsere Herzen.

Das soll in der Welt auch sichtbar werden. Gottes Geist ist unsichtbar, aber er macht sichtbar. Das hat er an Pfingsten im Sturm und in den Feuerzungen getan. Das tut er jetzt durch uns, die Kirche. Sie ist die sichtbare Gestalt, an der Gott den Menschen zeigen will, dass er uns alle liebt. Denn Jesus ist für alle gestorben. Die Aufgabe der Kirche ist es, Gott in der Welt sichtbar werden zu lassen. In ihrem Gesicht muss seine Liebe aufscheinen. Jesus sagte zu seinen Aposteln: „Wer euch hört, hört mich“ (Lk 10,16). So könnte er auch zur Kirche sagen: wer dich sieht, sieht mich. Und da wir Kirche sind, müsste er auch zu uns sagen können: Wer euch sieht, sieht mich. Stimmt das? Scheint in unserem Gesicht, in unserem Leben etwas von Gottes Liebe auf?

Dazu genügen Worte nicht, mögen sie noch so schön sein. Sichtbar wird Gottes Liebe erst durch Taten. Unsere Taten müssen mit unseren Worten übereinstimmen. Von dieser Übereinstimmung hängt die Glaubwürdigkeit jedes Menschen und auch die Glaubwürdigkeit der Kirche ab. Wir haben in der letzten Zeit große Einbrüche der Glaubwürdigkeit erlebt, bei Personen, Institutionen und auch bei der Kirche. Dieser Schaden kann nur behoben werden durch ein glaubwürdiges Verhalten, in dem wir Gottes Liebe sichtbar und erfahrbar werden lassen. Das ist unser aller Auftrag.

Dazu hilft uns Gottes Geist. Von ihm müssen wir uns leiten lassen. Daran zeigt sich die Echtheit und damit die Glaubwürdigkeit unseres Christseins. „Alle, die sich vom Geist Gottes leiten lassen, sind Söhne Gottes“ (Röm 8,14), schreibt der heilige Paulus uns allen ins Stammbuch, Männern und Frauen, Jungen und Alten.

Das bedeutet, wir sollen keine verweltlichte Kirche sein, d. h. uns nicht ausrichten nach den Maßstäben dieser Welt. Wir leben in dieser Welt, und die Kirche lebt in dieser Welt, aber sie ist nicht von der Welt. Darum richten wir uns aus an dem Maßstab, den Gott uns vorgibt. Dieser Maßstab ist seine Liebe, die in Jesus Christus sichtbar und erfahrbar geworden ist. Jesus gibt den Seinen, -das ist seine Kirche, das sind wir, – das neue Gebot: „Liebt einander! Wie ich euch geliebt habe, so sollt auch ihr einander lieben" (Joh 13,34).

Dazu leitet uns Gottes Geist an. Wie ein solches Leben aussieht, beschreibt uns der Apostel: „Die Liebe ist langmütig, die Liebe ist gütig. Sie ereifert sich nicht, sie prahlt nicht, sie bläht sich nicht auf. Sie handelt nicht ungehörig, sucht nicht ihren Vorteil, lässt sich nicht zum Zorn reizen, trägt das Böse nicht nach. Sie freut sich nicht über das Unrecht, sondern freut sich an der Wahrheit" (1 Kor 13,4-6).

Dann fährt der Apostel weiter und zeigt uns, welche Kraft die Liebe entfaltet. Dazu benützt er das kleine Wort „alles". Er sagt: Die Liebe „erträgt alles, glaubt alles, hofft alles, hält allem stand. Die Liebe hört niemals auf" (1 Kor 13,7f.)

Die Liebe ist unsere Lebensordnung, und sie ist mehr als eine Lebensordnung. Sie zeigt uns, wie Gott lebt und handelt. Denn Gott ist Liebe. In unserem Leben sollen wir seine Liebe und dadurch ihn selbst widerspiegeln. Damit wir das können, gießt er seine Liebe in unsere Herzen durch den Heiligen Geist.

Darum geht es an Pfingsten heute, uns vom Geist Gottes ergreifen zu lassen und Gottes liebendes Erbarmen widerspiegeln und dadurch die Welt zu verändern, ihr ein Gesicht zu geben, das dem Schöpfer entspricht. Unsere Welt ist entstellt. Sie gibt derzeit kein gutes Bild ab: Terrorismus, Krieg, Umweltzerstörung, ein Heer von Armen und Hungernden, deren Not man lindern und beheben könnte, hungernde und verhungernde Kinder, und schließlich Süchte wie Magersucht, Geldsucht, Ehrsucht.

Darum ruft uns Papst Franziskus auf, barmherzig zu sein und damit Gottes Liebe in unsere Welt einzubringen. Er sagte kurz nach Antritt seines hohen Amtes: „Ein bisschen Barmherzigkeit macht die Welt weniger kalt – und gerechter." Schon mit ein bisschen Barmherzigkeit verändern wir also die Welt. Jeder muss mitmachen, und jeder kann mitmachen. Wie ein Sauerteig müssen wir die Liebe hineinarbeiten in den Alltag unseres Lebens.

Wir alle sind aufgerufen, das Böse, alles Unrecht, alle Lieblosigkeit und Kälte aus unserer Welt fortzulieben, aus der kleinen wie aus der großen Welt. „Ein bisschen Barmherzigkeit macht die Welt weniger kalt – und gerechter."

Dazu gibt uns Gott seinen Geist. Er hat seine Liebe nicht nur damals an Pfingsten in Jerusalem auf die dort Versammelten ausgegossen, er gießt ihn auch heute durch seinen Geist in unsere Herzen. Öffnen wir uns ihm und lassen wir uns von ihm leiten. Dann wird es Pfingsten auch bei uns. Machen wir die Liebe Gottes zum Maßstab unseres Lebens. Dann würde sich unser eigenes Leben, die Kirche und das Angesicht der Erde erneuern.

20.
Pfingsten geht weiter

„Selig sind die, deren Augen sehen, was ihr seht" (Lk 10,23), sagte Jesus im Evangelium zu den Jüngern. Was haben die Jünger gesehen? Sie haben Jesus erkannt, nicht nur sein äußeres Auftreten und Wirken, sondern auch seine Innenseite, seine tiefe Einheit mit dem Vater. Dieses Sehen hat ihnen gezeigt, wer Jesus wirklich ist und was er für sie ist. Das hat sie im Innersten getroffen und verwandelt. Darum preist Jesus sie selig.

Trifft das auch auf uns zu? Zählen auch wir zu denen, die Jesus mit seinem Wort selig gepriesen hat? Sehen wir in Jesus den, der unser ganzes Leben prägt und bestimmt?

Wenn wir das konkrete Bild der Kirche in unserem Land, auch in Europa, anschauen, erheben sich Zweifel. Seit einem halben Jahrhundert schrumpft die Zahl der Gottesdienstbesucher, der Priester und Ordensleute. Wieviel Kraft haben wir bei der Mitgestaltung unserer Gesellschaft? Daher die Frage, ob auch auf uns die Seligpreisung Jesu zutrifft: „Selig sind die, deren Augen sehen, was ihr seht"?

In der Apostelgeschichte wird uns ein Bild der Kirche aus der Anfangszeit vor Augen gestellt. Stefanus wurde gesteinigt und die Jünger in Jerusalem wurden verfolgt. Die Verfolgten passten sich nicht an und verkrochen sich nicht, sondern zogen hinaus und verkündeten das Evangelium in Judäa und Samarien und dann in Syrien und auf Zypern.

Warum haben sie das getan? Sie haben gesehen und erkannt, wer Jesus ist und was er für sie ist. An ihm haben sie festgehalten und an der Gemeinschaft mit ihm nicht rütteln lassen. Jesus war ihnen wichtiger als alles andere, so wichtig, dass sie es auch den anderen sagen mussten. So wuchs die Kirche.

Das ist für uns niedergeschrieben, nicht nur als Bericht, wie es damals war, sondern vor allem als Botschaft, die auch für unsere Zeit gültig ist. Ähnliches haben die Alten unter uns, ich auch, in der Zeit der nationalsozialistischen Unterdrückung erlebt. Die Gottesdienste waren gut besucht, die Priesterseminare übervoll, ebenso die Noviziate der Ordensgemeinschaften. Ein Priester, der damals in Freising im Seminar war, erzählte mir: Der Regens sagte uns, wir haben im Erzbistum nicht genug Plätze für Sie alle, überlegen Sie sich, ob Sie nicht in die Mission gehen wollen. Und das in einer Zeit, in der es Unterdrückung, Verfolgung und auch Märtyrer gab. Und der Grund hierfür: Sie sahen und wussten, was sie an Jesus hatten. Das konnte ihnen die ganze Welt nicht bieten. Darum hielten sie an ihm fest.

Bei der Jahrtausendwende sagte Papst Johannes Paul II., die Kirche ist in unserer Zeit wieder eine „Kirche der Märtyrer" geworden. In der Tat gab es im Laufe der Jahrhunderte noch nie so viele, die ihre Treue zu Christus mit ihrem Leben bezahlten, wie heute. Im Nahen Osten, in Afrika und noch anderen Gebieten unserer Erde herrschen Diktaturen, die weder Freiheit noch Menschenwürde kennen und Menschen töten, nur weil sie Christen sind.

Wir hören zwar davon, nehmen es aber kaum richtig wahr, weil dies weit weg von Europa geschieht. Wahrscheinlich denken wir, wir können ihnen ja doch nicht helfen.

Doch übersehen wir dabei nicht, dass sie uns helfen können? Sie öffnen uns die Augen, dass auch wir sehen, was wir an Jesus haben, so viel, dass man für ihn sogar das Leben riskieren kann.

Mit ihrem Martyrium leben sie uns vor, was Christsein heißt: uns an Jesus festhalten bis in den Tod. Das geschieht in einem unerschütterlichen Glauben. Dieser Glaube muss im Alltag gelebt werden in unaufgebbarer Treue, indem wir zeigen, dass die Gemeinschaft mit Christus alles übertrifft, was die Welt uns bieten kann.

Manchmal geraten Menschen in eine Lage, in der ihr Leben zu einem unblutigen Martyrium wird. Dann brauchen sie den Mut und die Kraft der Märtyrer, um sich treu an Christus festzuhalten.

Das Martyrium ist der Gipfelpunkt der Nachfolge Jesu, der für uns in den Tod gegangen und durch den Tod hindurch in die Auferstehung eingegangen ist.

Unsere Märtyrer sind darum Zeugen der Auferstehung Christi und ihrer eigenen Auferstehung. Damit bezeugen sie aber auch unsere Auferstehung und Aufnahme in das wahre, unzerstörbare Leben bei Gott. Stefanus, der erste Märtyrer rief aus:

„Ich sehe den Himmel offen und Jesus, den Menschensohn zur Rechten Gottes stehen. Und unter dem Hagel der Steine rief er: ‚Herr Jesus, nimm meinen Geist auf'" (Apg 8,54-60).

Als Alfred Delp in Plötzensee an den Galgen geführt wurde, sagte er im Vorbeigehen zum Gefängnispfarrer: „Ach, Herr Pfarrer, in einer halben Stunde weiß ich mehr als Sie."

Unsere Märtyrer bezeugen uns nicht nur das unvergängliche Leben, das uns nach dem Tod erwartet. Sie zeigen uns auch, was es heißt, jetzt in dieser Welt als Jünger zu leben. Christsein ist keine leichte Sache. Wir sollen Jesus nachfolgen und unser Kreuz auf uns nehmen. „Wer mein Jünger sein will, der verleugne sich selbst, nehme sein Kreuz auf sich und folge mir nach" (Mk 8,34).

Das haben die Märtyrer getan. Durch ihre Lebenshingabe sind sie dem gekreuzigten Herrn ähnlich geworden. Damit haben sie gezeigt, dass sie mit ihrem ganzen Leben dem Herrn gehören, wie es der hl. Paulus sagt: „Leben wir, so leben wir dem Herrn, sterben wir, so sterben wir dem Herrn. Ob wir leben oder sterben, wir gehören dem Herrn (Röm 14,8).

Das leben uns die Märtyrer vor: Zu Christus gehören ohne Einschränkung und ohne Vorbehalt. Jesus schenkt sich uns ganz in seiner Liebe; darum kann unsere Antwort nur die Liebe sein, mit der wir ihm ganz gehören.

Die umfassende Liebe zum Herrn mindert nicht die Liebe, die wir einander erweisen. Im Gegenteil: sie trägt unsere Liebe, die Liebe der Eheleute, die Liebe zwischen Eltern und Kinder, die Freundesliebe und die sogar die Feindesliebe. In all diesen Formen unseres Liebens wird die Liebe zu Jesus fruchtbar.

Die kreuztragende Nachfolge Jesu mindert und beengt auch nicht unser Menschsein. Im Gegenteil. Die Nachfolge Jesu ist der Weg zu wahrer menschlichen Größe. Das bezeugt uns eindrucksvoll P. Delp in den Tagen zwischen dem Todesurteil und seinem Tod am Galgen. Er schreibt: „Ich lebe in einer großen Ruhe und Freiheit, bete, habe gestern und heute ein paar Gedanken zum Vaterunser geschrieben, wieder fast alles mit einer Fessel. Die ganzen harten Wochen hatten den Sinn der Erziehung zur inneren Freiheit." Im Angesicht des Todes nennt er seine ausweglose Lage „diese absolute Höhe des Daseins, auf der ich nun angekommen bin." Diese Freiheit ist für ihn Frucht der Begegnung mit Gott in Anbetung und Liebe. Welch menschliche Größe wird hier offenbar! Verstehen wir das und sehen wir wahre menschliche Größe auch so?

Ebenso zeigten die Märtyrer menschliche Größe in der höchsten Form der Liebe, in der Feindesliebe. So hat schon Stefanus gebetet: „Herr, rechne ihnen diese Sünde nicht an.“ (Apg 7,60)

Wir kennen alle P. Maximilian Kolbe, der in Auschwitz freiwillig in den Tod ging, um dadurch einem Familienvater das Leben zu retten.

Karl Leisners letzte Worte im Tagebuch lauten: „Segne auch, Höchster, meine Feinde!“

Die Märtyrer haben es gemacht wie Jesus, der am Kreuz betet: „Vater verzeih ihnen, denn sie wissen nicht, was sie tun“ (Lk 23,34).

In der Nachfolge Jesu zeigen sie uns, was Christsein heißt und was menschliche Größe ist. „Der Mensch ist so groß wie seine Liebe.“ (P. Delp)

Das lernen wir von unseren Märtyrern, aber auch von denen, die sich zurücknehmen und manchmal in geradezu heroischer Selbstlosigkeit Armen, Kranken, Notleidenden oder Flüchtlingen helfen, und dadurch Zeugnis geben für die Liebe Christi, der sich für uns in den Tod hingegeben hat.

Mit dem Ernstfall des Martyriums werden nur einzelne konfrontiert. Doch wir brauchen die Märtyrer als Lehrmeister des Christseins. Sie öffnen uns die Augen, dass wir sehen, was wir an Jesus haben. Sie rütteln uns wach und rufen uns auf, mit ihnen für Christus Zeugnis zu geben in unserer Welt. Dazu brauchen wir Gottes Geist. Diesen Geist hat Jesus vor seiner Himmelfahrt den Jüngern versprochen und auch uns:

„Ihr werdet Kraft empfangen, wenn der Heilige Geist auf euch herabkommen wird, und ihr werdet meine Zeugen sein, bis an die Grenzen der Erde" (Apg 1,8). Auch die Märtyrer konnten nur in der Kraft des Heiligen Geistes ihr Leben für Christus hingeben. Gott gibt auch uns seinen Geist. Das ist die Botschaft des Pfingstfestes. Denn das Pfingstfest in Jerusalem vor 2000 Jahren war nur der Anfang. Gott gießt seinen Geist auch heute über uns aus. Das Pfingstfest ist vorüber, aber Pfingsten geht weiter. Jetzt sind wir an der Reihe, uns für Gottes Geist zu öffnen, dass er uns die Augen öffne, uns stärke und zu mutigen Zeugen für Christus mache. Gestärkt durch Gottes Geist bilden wir als unblutige Zeugen mit unseren Blutzeugen eine große Gemeinschaft, die fest verbunden mit Jesus die Botschaft vom Sieg des Lebens und der Liebe Gottes hinausträgt in die Welt. Das ist der Weg der Kirche in die Zukunft.

21.
Band der Liebe

„Eine zerrissene Welt braucht Europa", sagte Papst Franziskus bei der Verleihung des Karlspreises. Ja, wir leben in einer sehr zerrissenen Welt. Die vielen Flüchtlinge zeigen es uns. Durch Kriege zerrissene Völker, Machtmenschen und Unterdrückte, Verfolger und Verfolgte, Superreiche, die ihren Magen mit Delikatessen füllen, und Elendarme, die hungern und verhungern. Das geeinte Europa ist uneins und zeigt Risse im Umgang mit den Flüchtlingsströmen. Selbst Familien sind zerstritten und zerrissen. Sind die modisch zerrissenen Jeans unserer Jugendlichen vielleicht auch ein Zeichen ihrer zerrissenen Seelen? Seit 500 Jahren ist sogar die Christenheit in unserem Land und darüber hinaus zerrissen. Wo man in unserer Welt hinschaut, entdeckt man Risse.

Unterschiede, in denen sich Vielfalt zeigt, sind gut. Sie gehören zusammen; denn in ihnen entfaltet sich das bunte Leben. Wo aber Unterschiede zur Gegnerschaft werden, reißen sie Gräben auf. Da entstehen Verwundungen, die sogar tödlich werden können. Da wird Leben ausgelöscht. Die Toten der Kriege und die toten Flüchtlinge sprechen eine deutliche Sprache.

Die Bibel stellt uns unsere zerrissene Welt im Turmbau von Babel vor Augen. Die Menschen wollten eine Stadt bauen mit einem Turm, der bis zum Himmel reicht. Sie wollten sich damit einen Namen machen. Gott brauchten sie dazu nicht. Gott aber greift gegen ihre Selbstherrlichkeit ein und verwirrt ihre Sprache. Die Menschen verstanden einander nicht mehr und zerstreuten sich in alle Welt (Gen 11,1-9).

Babel ist ein Bild auch für heute, ein Bild unserer zerrissenen Welt, in der viele nicht mehr einander verstehen und nicht mehr zueinander finden, ja sogar gegeneinander kämpfen.

Wie kann man diese Risse schließen und die vielen Wunden heilen?

Das können wir nicht. Wir sind nämlich nicht in der Lage, eine friedliche Welt zu schaffen und eine Gesellschaft, in der die Menschen einander verstehen und annehmen. Die immer wieder scheiternden Bemühungen um den Frieden sind Ausdruck dieser Hilflosigkeit, ja Unfähigkeit. Die Kette der Kriege und feindlichen Auseinandersetzungen reißt nicht ab.

Doch Gott hat die Initiative ergriffen. Diese Initiative Gottes feiern wir an Pfingsten.

Was ist da geschehen? Gott hat seinen Geist ausgegossen. Ein Brausen erhob sich vom Himmel her und erfüllte das Haus, in dem sich die Jünger Jesu versammelt hatten. Und über jeden erschien eine feurige Zunge. Doch vom Geist war nichts zu sehen und nichts zu hören. Aber er wirkte. Und daran konnte man sein Kommen erkennen.

Die Jünger waren durch ihn wie verwandelt. Bisher hatten sie sich ängstlich zurückgehalten. Jetzt kennt man sie nicht mehr. Mutig treten sie an die Öffentlichkeit und verkünden der zusammengeströmten Menge das Evangelium. Und alle hören die Botschaft in ihrer Sprache, die Parter, Meder und Elamíter, Bewohner von Mesopotámien, Judäa und Kappadózien, von Pontus und der Provinz Asien, von Phrygien und Pamphylien, von Ägypten und dem Gebiet Libyens nach Zyréne hin, auch die Römer, die sich hier aufhalten, Juden und Proselyten, Kreter und Araber. Sie alle hören und verstehen die Großtaten Gottes, die ihnen die Apostel verkündeten.

Die babylonische Sprachverwirrung ist überwunden, es entsteht ein neues Miteinander. Dreitausend werden getauft und dadurch der jungen Kirche eingegliedert. Die Risse von Babylon werden geschlossen, die Verwundungen geheilt.

Das hat der Geist gewirkt, den Gott an Pfingsten ausgegossen hat. Aber was ist es nun um diesen Geist? Um sein Wirken zu verstehen, müssen wir auf das Geheimnis des dreifaltigen Gottes schauen. Gott ist Vater, Sohn und Heiliger Geist. Der Geist ist die Liebe, in der Vater und Sohn zueinander gehören, so einander gehören, dass sie nicht zwei Götter sind, sondern der eine Gott. Er ist das göttliche Band der Liebe, in dem Vater und Sohn eins sind.

Diesen seinen Geist gießt Gott auf uns Menschen aus. An Pfingsten hat er damit in Jerusalem begonnen. Mit diesem Band der Liebe verbindet er uns mit sich, so dass wir seine Söhne und Töchter werden. „Ihr habt den Geist der Kindschaft empfangen, in dem wir rufen: Abba, Vater“ (Röm 8,15). Durch seinen Geist verbindet uns Gott mit sich und macht uns zu seinen Kindern, zu seinen Söhnen und Töchtern, und wir dürfen ihn als unseren Vater ansprechen.

Dadurch verbindet er aber auch uns miteinander. Durch Gottes Geist sind wir Geschwister, Brüder und Schwestern. Wie tief diese Verbundenheit reicht, macht uns der hl. Paulus anschaulich im Bild des menschlichen Leibes. Er sagt: „Wie der Leib eine Einheit ist, doch viele Glieder hat, alle Glieder des Leibes aber, obgleich es viele sind, einen einzigen Leib bilden: so ist es auch mit Christus. Durch den einen Geist wurden wir in der Taufe alle in einen einzigen Leib aufgenommen, Juden und Griechen, Sklaven und Freie; und alle wurden wir mit dem einen Geist getränkt“ (1 Kor 12f.). Die Risse von Babel werden geschlossen, die Wunden geheilt. Das wirkt Gottes Geist in der Kirche.

Und das hat Gott nicht nur mit der Kirche vor, sondern mit der ganzen Menschheit. Die Kirche soll ihm dazu dienen. Das II. Vatikanische Konzil lehrt dies mit einer programmatischen Aussage: „Die Kirche ist in

Christus gleichsam das Sakrament, das heißt Zeichen und Werkzeug für die innigste Vereinigung mit Gott wie für die Einheit der ganzen Menschheit" (Lumen Gentium 1).

Das Band, das uns aufs innigste mit Gott verbindet und damit die ganze Menschheit eint, ist der Heilige Geist. Er ist das Band der Liebe nicht nur in Gott, sondern auch das Band der Liebe, das uns mit Gott und miteinander verbindet. Die Pfingstsequenz zeigt uns, wie er wirkt. In ihr rufen wir zu ihm: „Ohne dein lebendig Wehn kann im Menschen nichts besteht, kann nichts heil sein noch gesund. Was befleckt ist, wasche rein, Dürrem gieße Leben ein, heile du, wo Krankheit quält. Wärme du, was kalt und hart, löse, was in sich erstarrt, lenke, was den Weg verfehlt." Er schließt die Risse und heilt die Wunden der Menschheit. Durch ihn macht Gott alles neu. Darum beten wir: „Sende aus deinen Geist und das Antlitz der Erde wird erneuert."

Das ist alles schön gesagt. Aber wie sieht das heute bei uns aus? Der hl. Paulus schreibt: „Die Liebe Gottes ist ausgegossen in unsere Herzen durch den Heiligen Geist, der uns gegeben ist" (Röm 5,5). Das Wort des Apostels gilt auch für uns heute. In Jerusalem hat Pfingsten begonnen. Das war nur der Anfang, Pfingsten geht weiter. Auch in unseren Tagen geht Pfingsten weiter. Das wird sichtbar z. B. im mutigen, zeichenhaften Wirken von Papst Franziskus, aber auch in den vielen Menschen, die sich liebevoll einsetzen für Flüchtlinge, für Alte und Kranke, im treuen Füreinander in der Familie und durch all das Gute, das Menschen im Alltag einander erweisen. Da wird etwas sichtbar von der Liebe, die Gott durch seinen Geist ausgießt.

Gott schenkt auch uns heute seinen Geist. Wir aber müssen ihn annehmen. Gott verfügt nicht über uns; er beschenkt uns. Und an uns liegt es, in Freiheit sein Geschenk anzunehmen.

Das Geschenk seiner Liebe nehmen wir an, indem wir selbst Liebe schenken. Unsere zur Tat gewordene Liebe ist der Erweis, dass wir die Gabe des göttlichen Geistes angenommen haben; dass es in uns Pfingsten geworden ist und es durch uns Pfingsten wird in der Welt.

Nichts anderes wollte das Heilige Jahr der Barmherzigkeit 2016. Indem wir barmherzig sind, zeigt sich, dass die barmherzige Liebe Gottes, der Heilige Geist, in uns angekommen ist und durch uns die Risse und Wunden der Menschheit heilen will.

An uns also liegt es, dass auch heute in der Welt Pfingsten weitergeht, dass Gottes Geist das Angesicht der Erde erneuert, die Menschheit durch das Band der Liebe eint, uns alle aufs innigste mit Gott verbindet und uns teilhaben lässt an der unendlichen Fülle seines göttlichen Lebens.

22.

Leben an Gottes Hand

Was hat das Pfingstfest heute mit dem Pfingsten vor 2000 Jahren in Jerusalem zu tun? Was damals in Jerusalem geschah, lesen wir in Apostelgeschichte. Die Jünger Jesu waren versammelt. Vom Himmel her erhob sich ein Brausen wie bei einem heftigen Sturm. Feuerzungen ließen sich auf jeden von ihnen nieder und sie begannen, in fremden Sprachen zu reden (Apg 2,1-11).

Wie ist das zu verstehen? Die heilige Schrift spricht oft in Bildern. Sturm und Feuer sind Zeichen, dass Gott am Werk ist. Als Israel aus Ägypten fortzog, standen sie vor dem Meer und der Pharao verfolgte sie. Da trieb Gott durch einen starken Ostwind das Meer fort; das Wasser spaltete sich, Israel zog trockenen Fußes durch das Meer und wurde gerettet (Ex 14,21ff.). Im Brausen des Windes hat Gott gezeigt, dass er selbst am Werk war. Am Sinai hat Gott mitten aus dem Feuer zu Israel gesprochen (Dt 4,36; 10,4). Und schon vorher hatte er aus dem brennenden Dornbusch zu Mose gesprochen (Ex 3,4ff.) Ein Psalm beschreibt das Kommen Gottes in Feuer und Sturm mit folgenden Worten: „Unser Gott kommt und schweigt nicht; Feuer frisst vor ihm her; um ihn stürmt es gewaltig“ (Ps 50,3).

An Pfingsten zeigte nun Gott wiederum durch Sturm und Feuer, dass er selbst am Kommen und am Werk ist. Und was tat er? „Alle wurden mit dem Heiligen Geist erfüllt“ (Apg 2,4), heißt es in der Apostelgeschichte. Das Kommen des Geistes wird uns auch im Evangelium verkündet: Der Auferstandene haucht die Apostel an und sagt: Empfanget den Heiligen Geist! (Joh 20,22). Das Hauchen ist ein Vorgang, der Leben schenkt. Bei der Erschaffung des Menschen heißt es, Gott habe den Menschen, dessen Leib er aus dem Staub der Erde gebildet hatte, den Lebensatem in die Nase geblasen; so wurde der Mensch zu einem lebendigen Wesen (Gen 2,7). In dieser bildhaften Darstellung wird uns gesagt, der Mensch ist ein Wesen aus Geist und Leib und hat sein Leben von Gott.

Im Evangelium aber haucht der Auferstandene seinen Jüngern nicht menschlichen Lebensgeist ein, sondern den Heiligen Geist, das ist Gottes Geist. Denn der Heilige Geist ist Gott wie der Vater und der Sohn.

Und am Pfingsttag gießt er den Heiligen Geist aus über die Schar seiner Jünger und macht sie so zur Kirche. Er haucht seinen Geist hinein in ihre Gemeinschaft und macht sie lebendig mit göttlichem Leben. So entsteht die Kirche. Sie lebt aus der Kraft des Heiligen Geistes. Ja noch mehr, durch den Geist nimmt

Gott Wohnung in ihr. Von Pfingsten an ist die Kirche der Wohnort Gottes in der Welt.

Und weil die Kirche lebt, wächst sie. Denn zum Leben gehört das Wachsen. Und das begann an Pfingsten in Jerusalem. Die Apostel, voran Petrus, verkünden das Evangelium, und alle verstehen sie in ihrer eigenen Sprache. Viele kommen zum Glauben und lassen sich taufen. In der Apostelgeschichte heißt es: An diesem Tag wurden ihrer Gemeinschaft etwa dreitausend Menschen hinzugefügt (Apg 2,41). Die Kirche wächst.

Das Wachstum, das in Jerusalem begonnen hat, ging in einem erstaunlichen Tempo weiter. Schon bald gab es in Rom, dem damaligen Zentrum der Welt, eine stattliche Christengemeinde. In der raschen Ausbreitung zeigt die Kirche eine Vitalität, die sie nicht aus eigener Kraft hat, sondern aus der Kraft des Heiligen Geistes.

Und so ging das weiter durch die Zeiten. Die Kirche ist gewachsen, selbst unter Verfolgungen, bis heute.

Und wie sieht die Kirche bei uns heute aus? Das Evangelium wird auch in unserem Land verkündet, Menschen kommen zum Glauben und lassen sich taufen. Und es wird viel Gutes getan. Doch die Vitalität, von der die Apostelgeschichte berichtet, suchen wir bei uns vergebens. Seit einem halben Jahrhundert wird die Kirche in unserem Land kleiner, Jahr für Jahr nimmt sie ab. Die Zahl der Priester und der Ordensleute nimmt ab und auch die Zahl der Gläubigen, die am Leben der Kirche teilnehmen. Und die Kraft, den Glauben an die kommende Generation weiterzugeben, ist ebenfalls deutlich schwächer geworden.

Was geht da vor sich? Gleicht die Kirche in unserem Land nicht einem Menschen, dem nichts abgeht, der alles hat, was es gibt, und trotzdem abnimmt und immer schwächer wird? Wir haben alles, finanzielle Mittel, Medien, Kirchen und Einrichtungen, durchorganisierte Verwaltungen in den Ordinariaten. Wir leben in Frieden und Freiheit, können ungehindert unseren Glauben leben und verkünden. Es gibt wohl kaum noch ein Land in Europa, ja auf unserer Erde, wo die Kirche über so gute Voraussetzungen verfügt, wie wir sie bei uns vorfinden.

Was fehlt uns? Es fehlt uns Heiliger Geist. Er ist der Atem Gottes, der uns lebendig macht. Er ist die Kraft Gottes, die uns stark macht. Ohne ihn kann die Kirche nicht leben.

Warum ist das so? Gibt uns Gott heute seinen Geist nur noch so spärlich, dass wir zwar noch leben, aber immer weniger werden? Nein, Gott gibt seinen Geist ohne Maß (Joh 3,34), er gibt ihn in Fülle. Doch wir müssen ihn aufnehmen.

Das war schon in Jerusalem so. Die kleine Schar der Jünger Jesu betete und wartete sehnsüchtig auf den verheißenen Geist. Und als er kam, ließen sie sich von ihm erfassen, ja begeistern. Von den Menschen, die herbeiströmten, ließen sich die einen vom Geist erfassen, kamen zum Glauben und ließen sich taufen. Andere aber blieben verschlossen und spotteten über die vom Geist Ergriffenen: „Sie sind voll des süßen Weines“ (Apg 2,13).

Wie ist das bei uns? Sind wir offen für Gott? Oder sind wir so satt von den Gütern dieser Welt, dass wir nach Gott keinen Hunger mehr haben? Rechnen wir ernsthaft mit ihm, nicht nur, wenn wir in Not geraten sind und nicht mehr weiterwissen? Wir müssen uns für Gott öffnen.

Von großen Christen können wir lernen, was es heißt, offen zu sein für Gott und seinen Geist. Edith Stein sagte einmal, es gehe ihr um eine ganz einfache Wahrheit, die sie vermitteln möchte: Wie man es macht, an der Hand Gottes zu leben. Und Mutter Teresa sagte: „Ich bin Gottes Bleistift. Er darf schreiben, was er will.“ Beide benützen das Bild der Hand Gottes, die uns führt. Gewiss muss jeder sein Leben in die eigene Hand nehmen und gestalten. Das aber sollen wir tun an der Hand Gottes, der immer bei uns ist und alle Wege mit uns geht. Auf ihn müssen wir schauen, uns von ihm sagen lassen, was wir zu tun haben; wie Bleistifte in seiner Hand sollen wir sein. Er muss die Mitte unseres Lebens sein, wie Pater Rupert Mayer in einem Brief aus dem KZ an seine Mutter schrieb: „Jetzt habe ich wirklich nichts und niemand mehr als den lieben Gott, und das ist genug, ja übergenug. Wenn das die Menschen doch einsehen wollten, es gäbe viel mehr Glückliche auf Erden.“

Gottes Hand ist ein Bild für den Heiligen Geist. Wir leben an Gottes Hand, wenn wir uns vom Geist führen lassen, d. h. betend mit ihm im Gespräch sind und in seinem Licht auf Jesus schauen, um ihn zum Maß unseres Lebens zu machen und einander zu lieben, wie er uns geliebt hat. Daran zeigt sich unsere Kraft. „In der gelebten Liebe liegt die Kraft der Gläubigen" sagte Papst Franziskus in Ägypten.

Wenn wir an Gottes Hand leben und die Liebe, die er durch seinen Geist auf uns ausgießt, weiterschenken, dann wird auch bei uns geschehen, was vor 2000 Jahren in Jerusalem geschah. Es wird zwar kein Sturmesbrausen wahrzunehmen sein, wir werden keine Feuerzungen sehen. Aber es wird Pfingsten werden, weil Gott seinen Geist auch in unsere Herzen ausgießt, wie er es damals in Jerusalem getan hat. Dann wird die Kirche in unserem Land wieder erstarken und aufblühen und dazu beitragen, das Angesicht der Erde zu erneuern. Öffnen wir uns darum für Gottes Geist. Bitten wir inständig unseren Herrn und Gott: „Sende aus deinen Geist, und das Antlitz der Kirche, ja das Antlitz der ganzen Erde wird neu!"

23.
Feuer der Liebe

Im Kloster Melk in Österreich liegt in der Bibliothek eine alte Handschrift aus dem 12. Jahrhundert. Darin findet sich ein Bild, das darstellt, was uns im Evangelium an Pfingsten verkündet wird (Joh 20, 19-23).

Die Apostel sind in einem Haus versammelt und von Feuerzungen umhüllt, während das Haus in Flammen steht.

Das Feuer kommt von Jesus. Er geht auf die Apostel zu und fasst Petrus an der Hand. Alle Apostel werden vom Feuer erfasst und das ganze Haus beginnt zu brennen.

Was ist das für ein Feuer? Es kommt von Jesus. Am Kreuz floss aus seinem durchbohrten Herzen Blut und Wasser. Auch das Herz des Auferstandenen steht offen und bleibt offen. Aus diesem Herzen fließt nicht mehr Blut und Wasser; aus ihm strömt jetzt der Heilige Geist. Davon spricht das Evangelium, wenn es sagt: „Jesus hauchte sie an und sprach zu ihnen: Empfanget den Heiligen Geist!“ (Joh 20,22).

Der Geist Gottes ist wie Feuer, im Bild dargestellt mit den feurigen Zungen und dem brennenden Haus. An

Pfingsten kam er ja im Zeichen feuriger Zungen auf die Jünger herab. Wie Feuer verbrennt Gottes Geist das Böse, die Sünde. Darum sagt Jesus: "Empfanget den Heiligen Geist! Wem ihr die Sünden vergebt, dem sind sie vergeben" (Joh 20,22 f.). Das Feuer schafft auch Leben. Das Leben braucht Wärme. Die Sonne ist ein riesiger Feuerball. Von ihr empfangen wir das Licht und die Wärme, die wir zum Leben brauchen.

Die Feuerflammen sind ein Bild für den Heiligen Geist. Was Gottes Geist ist, sagt uns der hl. Paulus. Im Brief an die Römer schreibt er: „Die Liebe Gottes ist ausgegossen in unsere Herzen durch den Heiligen Geist, der uns gegeben ist" (Röm 5,5). Im Heiligen Geist ist uns Gottes Liebe geschenkt. Gottes Geist ist Liebe.

Das Haus in Flammen ist ein Bild der Kirche, die entzündet ist, ja brennt vom Feuer der Liebe Gottes. Die Apostel und mit ihnen alle seine Bewohner brennen vom Feuer der Liebe.

So sollte es sein; aber so ist es nicht, jedenfalls nicht bei uns. Und doch brennen viele kleine Feuer der Liebe auch bei uns. Denken wir nur an unsere Alten- und Pflegeheime. Tag und Nacht werden dort alte, hilflose, gebrechliche Menschen in Liebe umsorgt. Oder denken wir an die vielen Familien, in denen Vater und Mutter in Liebe einander zugetan sind und miteinander für ihre Kinder sorgen. Schauen wir auf die vielen, die sich ehrenamtlich für andere einsetzen und Armen und Flüchtlingen zu Hilfe kommen.

Es brennen viele kleine Feuer der Liebe bei uns. Darum geht es uns auch gut in unserem Land. Aber dass die Kirche einem Haus gleicht, entflammt und entzündet vom Feuer des Heiligen Geistes, kann man jedoch nicht sagen.

Das Anliegen von Papst Franziskus ist es, dass die Kirche ein solches Haus wird. Darum hat er die Barmherzigkeit zum Kennwort seines Pontifikats gemacht.

Schon Papst Benedikt hat in einer Predigt gesagt: „Die Barmherzigkeit ist der Wesenskern der Botschaft des Evangeliums, sie ist der Name Gottes selbst." „Gott ist Liebe" heißt es in der Hl. Schrift (1 Joh 4,8). Und Barmherzigkeit ist die Liebe, die hinabsteigt in die Abgründe dieser Welt und unseres Daseins. Wie tief Gottes sich erbarmende Liebe hinabsteigt, sehen wir am Kreuz. Jesus, Gottes Sohn, ist hinabgestiegen in die Nacht des Todes, ja sogar der Gottesferne, als er rief: „Mein Gott, mein Gott, warum hast du mich verlassen?" (Mk 15,34).

Er ist hinabgestiegen, um alle Not zu wenden, Wunden zu heilen, aufzurichten, was daniederliegt, ja Tote wieder lebendig zu machen und alle mit Leben und Freude zu erfüllen.

Mit dem Evangelium soll die Kirche das Erbarmen Gottes bis an die Grenzen der Erde tragen. Sie soll darum einem Haus gleichen, das vom Feuer des Heiligen Geistes, vom Feuer der sich erbarmenden Liebe Gottes entzündet in Flammen steht. Sie soll die Menschen in Berührung bringen mit Gottes Barmherzigkeit. Alle sollen dadurch erfahren: ich bin von Gott geliebt, geliebt für alle Ewigkeit.

Dazu gibt es auch Gegenbilder. Wir brauchen nur die Bilder anzuschauen, die uns zeigen, was seit Jahren im Nahen Osten geschieht. Städte, ganze Landstriche wurden in Schutt und Asche gelegt. Orte, wo das Leben blühte, wurden zu Stätten des Todes. Unzählige Menschen leben in unsäglichem Elend.

Verursacht wurde das alles durch das Gegenteil erbarmender Liebe, durch Hass, Feindschaft und unmenschlicher Erbarmungslosigkeit.

Was wird sich durchsetzen? Der Hass oder die sich erbarmende Liebe? Wird unsere Welt einmal ein Trümmerfeld, oder wird die Zukunft ein Miteinander in Friede und Liebe sein? Was wird sich durchsetzen?

Die Barmherzigkeit ist in den Augen der Welt schwach, aber sie hat eine alles verwandelnde Kraft. Das zeigt uns Gott, der Vater, an Ostern mit der Auferstehung des gekreuzigten Herrn. Das war eine Machttat seiner erbarmenden Liebe. Er zeigt uns nicht nur diese Macht der Liebe, mit der Auferstehung gibt er uns auch die Zusage, dass er mit seiner Liebe die Welt verwandeln wird. Siegen wird nicht der Hass, sondern die Liebe.

Er wird das vollbringen, aber nicht ohne uns. Darum gießt er seit Pfingsten seinen Geist in unsere Herzen, den Geist seiner erbarmenden Liebe. Wir müssen uns nur öffnen und uns vom Feuer des Geistes entzünden lassen.

Und das geht uns alle an. Wir brauchen keine Aufsehen erregenden Dinge zu tun, sondern unseren Alltag aus der Kraft des Geistes leben. Das ist auch das Anliegen von Papst Franziskus in seinem jüngsten Apostolischen Schreiben „Gaudete et exultate. Über den Ruf zur Heiligkeit in der Welt von heute.“ Darin ruft er uns auf, in unserem Alltag ein heiliges Leben zu führen. Was heißt das?

Der Apostel Paulus zählt Früchte auf, die wir bringen, wenn wir ein solches Leben führen und uns vom Geist Gottes leiten lassen: „Liebe, Freude, Friede, Langmut, Freundlichkeit, Güte, Treue, Sanftmut und Selbstbeherrschung“ (Gal 5,22 f.). Es geht also um einen von Gottes Geist geprägten Lebensstil. Wenn wir so miteinander leben, verändern wir ein Stück unserer Welt.

Wie Jesus am Osterabend den Jüngern den Heiligen Geist eingehaucht hat, haucht er ihn heute uns ein, damit wir brennen und uns vom Geist leiten lassen, Liebe schenken, Wunden heilen, Wunden des Leibes und der Seele, Notleidenden beistehen, die Herzen erwärmen und mit Freude und Zuversicht erfüllen. Pfingsten geht also weiter, auch heute bei uns, doch nur, wenn wir uns dem Geist öffnen. Lassen wir uns darum vom Heiligen Geist entzünden, damit die Menschen durch unsere brennenden Herzen erfahren: wir alle sind von Gott geliebt, geliebt für alle Ewigkeit.

24.

Der Herr geht, um zu kommen

Am Abend vor seinem Leiden sagte Jesus den Jüngern, dass er nun fortgehe. Da waren sie traurig. Er aber sagte zu ihnen: „Es ist gut für euch, dass ich fortgehe“ (Joh 16,7).

Warum? Warum sollte sein Fortgehen für die Jünger gut sein?

Am Kreuz hatte Jesus gesagt: „Es ist vollbracht!“ (Joh 19,30). Denn er hatte mit seinem Tod alles vollbracht, was er in seinen irdischen Tagen tun musste. Aber die Sendung, mit der ihn der Vater in die Welt gesandt hatte, war noch lange nicht vollendet. Das Heil, die Erlösung, die er uns mit seinem Sterben erworben hatte, musste noch den Menschen überbracht werden, und zwar allen Menschen bis an die Grenzen der Erde.

Diese Sendung konnte er jedoch nicht in seiner irdischen Daseinsweise erfüllen. Denn in seinen Erdentagen war er an Raum und Zeit gebunden. Er konnte nur an einem Ort sein und nur die ansprechen, denen er in Jerusalem und im Heiligen Land begegnete; aber seine Botschaft konnte er nicht allen Menschen verkünden, und schon gar nicht zu allen Zeiten.

Mit seiner Auferstehung wird das anders. Erfüllt vom Heiligen Geist ist er nun auf andere Weise da, nicht mehr an Raum und Zeit gebunden wie vorher. Darum ist es gut, dass er fortgeht, um künftig auf eine neue Weise bei ihnen zu sein. Durch seine neue, vom Geist bewirkte Daseinsweise, kann er nun immer und überall sein und seine Sendung in der Welt weiterführen bis ans Ende der Tage. Erfüllt vom Heiligen Geist ist heute Jesus auch bei uns, genau so nahe, wie er in seinen irdischen Tagen bei den Jüngern war, sogar noch viel näher.

Um seine Sendung an allen Menschen und zu allen Zeiten zu erfüllen, beruft er seine Jünger als Mitarbeiter. Ihnen verleiht er seinen Geist. Durch den Geist ist Jesus selbst bei ihnen. Der Geist wird sie alles lehren und sie an alles erinnern, was er ihnen gesagt hat (Joh 14,26). Jesus legt ihnen durch den Geist seine Worte gleichsam in den Mund, so dass in ihrer Botschaft er selbst hörbar wird. „Wer euch hört, hört mich" (Lk 10,16). In dieser vom Geist gewirkten Daseinsweise kommt Jesus zu den Menschen, um ihnen die Frucht der Erlösung zu bringen, das neue Leben, das er selbst von den Toten erstanden lebt.

Jesus und der Heilige Geist gehören zusammen. Der heilige Paulus nennt Jesus den „lebendig machenden Geist" (1 Kor 15,45). Einmal sagt er sogar: „Der Herr aber ist der Geist" (2 Kor 3,17). Wo der Auferstandene gegenwärtig ist, da ist auch der Heilige Geist mit seiner Kraft am Werk.

Gegen Ende des zweiten Jahrhunderts schon sagte der Märtyrerbischof Irenäus von Lyon: „Darum kam der Heilige Geist auf den Sohn Gottes herab, der Menschensohn geworden war, um mit ihm für immer unter dem Menschengeschlecht zu wohnen, bei den Menschen zu ruhen ... und die alten zu neuen Menschen Christi umzuschaffen." Miteinander und ineinander also führen Jesus und der Heilige Geist das Heilswerk zur Vollendung.

Darum ist es gut, dass Jesus die Jünger verlässt, nicht um sie allein zu lassen, sondern um auferstanden und vom Geist erfüllt in neuer Weise bei ihnen zu sein und seine Sendung in der Welt fortzuführen.

Damit hat er damals mit seinen ersten Jüngern begonnen. Heute nimmt er uns alle, die wir zu ihm gehören, in seinen Dienst. Wir alle, Frauen und Männer, Junge und Alte, sollen Zeugnis von ihm geben. Dazu rüstet er auch uns mit der Kraft seines Geistes aus. Wenn wir uns in unserer Welt umschauen, ist diese Sendung noch lange nicht am Ende. Heute sind wir an der Reihe, Zeugnis für Christus zu geben, damit das Licht des Evangeliums nicht erlischt, sondern allen Menschen leuchtet.

Durch den Geist geht der Auferstandene jedoch nicht nur hinaus in die Welt, er geht auch hinein in unser Inneres. Auch das ist ihm nur möglich in seiner neuen, vom Geist gewirkten Daseinsweise. Im Evangelium sagt er uns: „Wenn jemand mich liebt, wird er an meinem Wort festhalten; mein Vater wird ihn lieben, und wir werden zu ihm kommen und in ihm wohnen" (Joh 14,23).

Dadurch, dass wir am Wort Jesu festhalten, zeigen wir, dass wir zu ihm gehören und ihn lieben. Damit wir ihn richtig lieben können, schenkt er uns seine Liebe, den Heiligen Geist. „Die Liebe Gottes ist ausgegossen in unsere Herzen durch den Heiligen Geist" (Röm 5,5), schreibt der heilige Paulus in seinem Brief an die Römer. Er befähigt uns, Jesus so zu lieben, dass uns auch der Vater liebt und beide, Jesus und der Vater, zu uns kommen und in uns wohnen.

Unfasslich ist, was Jesus uns hier sagt. Der Heilige Geist wird uns geschenkt, und Jesus und der Vater kommen und nehmen in uns Wohnung. Der dreifaltige Gott also wohnt in uns, der Vater und der Sohn und der Heilige Geist.

Und dieses Einwohnen Gottes in uns ist gegenseitig. Er wohnt in uns, und wir wohnen in ihm. Jesus sagte dies, als er von der Eucharistie sprach: „Wer mein Fleisch isst und mein Blut trinkt, der bleibt in mir und ich bleibe in ihm" (Joh 6,56). So wohnt auch der dreifaltige Gott in uns, und wir wohnen in ihm.

Dorthin führt uns Jesus, hinein in die Mitte des dreifaltigen Lebens Gottes. Dort vollendet sich, was Jesus auf Erden begonnen hat. Dazu hat ihn der Vater in die

Welt gesandt, um uns zu ihm zu führen. Und dazu braucht Jesus den Heiligen Geist.

Im Rückblick auf sein Leben sagt der Herr am Ende seiner irdischen Pilgerschaft im hohenpriesterlichen Gebet zum Vater: „Wie du, Vater, in mir bist und ich in dir bin, sollen auch sie in uns sein. Ich habe ihnen die Herrlichkeit gegeben, die du mir gegeben hast, damit sie eins sind, wie wir eins sind, ich in ihnen und du in mir“ (Joh 17,21-23).

Dorthin will Jesus uns führen; dorthin, wo er zuhause ist, beim Vater. Das hat er beim Abschied nicht nur den Jüngern im Abendmahlsaal versprochen, sondern auch uns: „Im Hause meines Vaters gibt es viele Wohnungen. ... Wenn ich gegangen bin und einen Platz für euch vorbereitet habe, komme ich wieder und werde euch zu mir holen, damit auch ihr seid, wo ich bin“ (Joh 14,2f.).

Ein unglaubliches Geschenk macht uns Jesus mit dem Heiligen Geist. Durch ihn verbindet er sich mit uns, dass wir mit ihm eins sind, wie er mit dem Vater eins ist. Er in uns und wir in ihm, und mit ihm sind wir im Vater und der Vater ist in uns. Dorthin sind wir in unseren Erdentagen auf den Straßen dieser Welt unterwegs. Dort angekommen, schauen wir Gott nicht nur von Angesicht zu Angesicht, wir werden hineingetaucht in das unendliche Meer des göttlichen Lebens, dürfen erfüllt vom Heiligen Geist mit Jesus teilhaben am Leben Gottes und mit ihm für immer wohnen am Herzen Gottes, des Vaters.

IV.
Sommerliche hohe Feste

25.

Ihr seid drei. Steht uns bei!

Leo Tolstoi überliefert uns eine alte russische Legende. Drei Mönche verlieren auf der Rückreise in ihr Kloster den Weg. Es verschlägt sie auf eine einsame Insel. Dort leben sie nun und vergessen im Lauf der Jahre ihre Klostergebete. So machen sie sich selbst folgendes Gebet zurecht, in dem sie zu Gott rufen:

Ihr seid drei,
wir sind drei.
Steht uns bei!

Das ist eine Legende, aber sie enthält eine tiefe Wahrheit. Gott ist nicht einsam, sondern lebt in drei Personen. Und diesen Gott brauchen sie. Sie rufen ihn an und bitten ihn um seinen Beistand.

Die Dreifaltigkeit Gottes ist das zentrale Geheimnis unseres Glaubens. Woher wissen wir, dass Gott dreifaltig ist? Niemand hat ihn je gesehen.

Am brennenden Dornbusch fragt Mose Gott nach seinem Namen. Denn er muss den Israeliten sagen können, wer ihn zu ihnen gesandt hat. Gott antwortet ihm: „Ich bin, der ich bin“ (Ex 3,14). Gott zeigt sich als lebendiger Gott; er spricht und lässt sich ansprechen. Die Götter der Heiden sind tot. Sie haben Augen und sehen nicht, Ohren und hören nicht, einen Mund und sprechen nicht. Gott aber ist ein lebendiger Gott, der sich um sein Volk sorgt.

Doch wer er ist, was er in seinem Innern ist, bleibt sein Geheimnis. Erst Jesus lässt uns in das Innere Gottes schauen. Er tut dies, indem er uns sagt, wer er selbst ist.

Jesus offenbart sich uns: Er ist nicht von dieser Welt, er kommt von oben, von Gott. Er ist gesandt. Und den, der ihn gesandt hat, nennt er seinen Vater. Abba, lieber Vater, sagt er zu ihm. Mit ihm ist er tief verbunden. Er bildet mit ihm eine solche Einheit, dass man an ihm den Vater erkennen kann. „Wer mich gesehen hat, hat den Vater gesehen“ (Joh 14,9) sagt er. In Gott gibt es also Vater und Sohn.

Und vor seinem Heimgang verkündet Jesus den Jüngern, dass nun der Heilige Geist kommen wird. Zusammen mit dem Vater wird er ihn senden. Er kommt auch von oben, ist nicht von dieser Welt. Er führt Jesu Werk weiter, tilgt die Sünden und führt in die ganze Wahrheit. Er ist Gott wie der Vater und der Sohn. An Pfingsten wird sein Kommen sichtbar in feurigen Zungen und Sturm. In der Bibel sind Feuer und Sturm Zeichen göttlicher Gegenwart.

So offenbart uns Jesus den dreifaltigen Gott; nicht dadurch, dass er eine Lehre vorträgt, sondern indem er uns sagt, wie die drei göttlichen Personen an uns handeln.

Um Gottes Handeln an uns geht es auch in dem letzten Auftrag, den Jesus seinen Jünger erteilt: „Macht alle Völker zu meinen Jüngern; tauft sie auf den Namen des Vaters und des Sohnes und des Heiligen Geistes und lehrt sie, alles zu befolgen, was ich euch geboten habe“ (Mt 28,19f.). In der Taufe werden wir hineingetaucht in die Gemeinschaft des dreifaltigen Gottes.

Im 2. Jahrhundert hat Bischof Irenäus von Lyon in einem schönen Bild dargestellt, wie der dreifaltige Gott an uns handelt. Er vergleicht den Sohn und den Heiligen Geist mit den beiden Händen des Vaters. Indem der Vater den Sohn und den Geist zu uns sendet, greift er nach uns, um uns an sich zu ziehen.

Was uns Jesus geoffenbart hat, hat die Kirche in ihrer Lehre zusammengefasst: ein Gott in drei Personen. Vater, Sohn und Heiliger Geist haben alles gemeinsam, tun alles gemeinsam, leben füreinander und ineinander und sind nicht drei Götter, sondern sind miteinander der eine Gott.

Und was bedeutet das für uns? Der dreifaltige Gott hat uns als sein Abbild geschaffen. „Lasst uns Menschen machen als unser Bild, uns ähnlich! ... Gott erschuf den Menschen als sein Bild, als Bild Gottes erschuf er ihn. Männlich und weiblich erschuf er sie" (Gn 1,26f.). Wir sind also Abbild des dreifaltigen Gottes. Jeder von uns trägt Spuren seines dreifaltigen Lebens.

Wenn wir richtig leben, nämlich als Abbild des dreifaltigen Gottes, muss sich das in uns auswirken und erfahrbar werden. Wir müssen unser Urbild widerspiegeln und auf die drei göttlichen Personen hin leben.

Es gibt Christen, die bekennen im Credo den Glauben an den Vater, den Sohn und den Heiligen Geist; aber in ihrem Leben spielt das keine Rolle. Sie beten zu Gott, der dreifaltig ist. Doch dass er dreifaltig ist, ist für sie ohne Bedeutung. Würde man die Dreifaltigkeit aus ihrem Glauben streichen, so würde sich in ihrem Leben nichts ändern. Sie haben einen Glauben light. Man könnte sie Schmalspurchristen nennen. Es genügt nicht, den Glauben mit dem Mund zu bekennen, der Glaube muss auch gelebt werden, auch der Glaube an die Dreifaltigkeit.

Dazu brauchen wir die Hilfe Jesu. Er offenbart uns nicht nur den dreifaltigen Gott, er macht es uns auch möglich, mit den drei göttlichen Personen zu leben.

Er beginnt damit, dass er uns mit sich verbindet. „Ich bin der Weinstock, ihr seid die Reben" (Joh 15,5), sagt er. Das ist Lebensgemeinschaft, in die er uns aufnimmt. Der Apostel Paulus drückt das Gleiche in einem anderen Bild aus, wenn er sagt: „Ihr seid der Leib Christi und jeder Einzelne ist ein Glied an ihm" (1 Kor 12,27).

Wir dürfen also Jesu Leben mitleben, das er als Sohn des Vaters lebt. So wird sein Vater auch unser Vater und wir werden im Sohn Söhne Gottes (Gal 4,6). Das gilt für uns alle, Frauen und Männer.

Wir dürfen zum Vater Jesu Christi auch Vater sagen. Das sagt uns Jesus im Gebet, das er uns gelehrt hat. Aber diese Gemeinschaft muss auch gelebt werden. Das tun wir, wenn wir uns mit Jesus ganz in seine Hand geben und als seine Söhne und Töchter leben.

Weiter sendet uns Jesus mit dem Vater den Heiligen Geist. Gott gießt seine Liebe in uns aus. Diese Liebe ist er selbst. „Die Liebe Gottes ist ausgegossen in unsere Herzen durch den Heiligen Geist, der uns gegeben ist" (Röm 5,5). Im Heiligen Geist schenken uns Vater und Sohn Anteil an ihrem eigenen göttlichen Leben und damit die Kraft, mit Gottes Liebe zu lieben. Das klingt unglaublich. Doch unsere Märtyrer zeigen es uns. Ihre Liebe zu Gott ist so groß, dass sie für ihn ihr Leben hingeben. Oder denken wir an große Christen, z. B. an Mutter Teresa. Was sie getan hat, übersteigt menschliche Kräfte. Verborgen war in ihrem Wirken Gottes Liebe im Spiel.

Als sein Abbild hat uns der dreifaltige Gott erschaffen. In der Taufe wurden wir in ihn hineingetauft, wurden wiedergeboren aus Wasser und dem Heiligen Geist in Jesus Christus Kinder des himmlischen Vaters.

Die Taufe war als Wiedergeburt, als Geburt von oben (Joh 3,3), nur Anfang. Das neue Leben in der Gemeinschaft mit dem dreifaltigen Gott muss wachsen. Darum greift der Vater mit seinen beiden Händen, mit seinem Sohn und dem Heiligen Geist, auch heute nach uns, um uns immer inniger an sich zu ziehen. An uns ist es, seine Liebe anzunehmen, indem wir sie erwidern. So lassen wir uns immer tiefer hineinnehmen in die Gemeinschaft des dreifaltigen Gottes.

Das vollzieht sich schon jetzt in unserem irdischen Leben auf verborgene Weise. Aber einst wird es offenbar werden. Wir werden Gott sehen, wie er ist; werden den Vater und den Sohn und den Heiligen Geist von Angesicht zu Angesicht schauen. Der Apostel Paulus schreibt: „Mit enthülltem Angesicht schauen wir die Herrlichkeit des Herrn wie in einem Spiegel und werden so in sein eigenes Bild verwandelt, von Herrlichkeit zu Herrlichkeit“ (2 Kor 3,18). Dann wird das Abbild, als das Gott uns erschaffen hat, vollendet sein. Wir werden hineingetaucht in das unendliche Meer der Liebe Gottes, dürfen erfüllt vom Heiligen Geist mit Jesus Christus teilhaben am Leben des dreifaltigen Gottes und für immer wohnen am Herzen Gottes, unseres Vaters.

Doch noch sind wir auf den Straßen dieser Welt unterwegs. Aber wir wissen um das Ziel, dem wir entgegengehen, und rufen zu Gott mit den drei russischen Mönchen:

> Ihr seid drei.
> Steht uns bei!

26.
Glaubenspilgerschaft

Jedes Jahr feiern wir am 15. August die Aufnahme Mariens in den Himmel. Was hat dieses Fest mit uns zu tun? Maria ist im Himmel. Wir leben auf der Erde, und da geht es gar nicht himmlisch zu.

Maria braucht uns nicht. Aber wir brauchen sie, um zu sehen, wohin die Reise unseres Lebens geht. Sie gibt uns die Richtung an und zeigt uns das Ziel. Sie ist uns gegeben als Urbild und Zeichen der Hoffnung, an dem wir ablesen können, was mit uns geschehen wird, wenn wir ihrem Vorbild folgen.

In der Münchner Frauenkirche sehen wir zwei Darstellungen dieses Festgeheimnisses. Sie sind beim Eingang zur Sakristei angebracht.

Die ältere Darstellung ist ein Relief, entstanden um das Jahr 1500. Es zeigt uns die Gottesmutter auf dem Sterbebett, umgeben von den Aposteln. Dieses Bild nimmt eine Legende auf, nach der sich zum Tod Mariens alle Apostel noch einmal um sie versammelt haben. Das Besondere an diesem Bild sind die geöffneten Augen der Gottesmutter. Wenn Menschen im Tod entschlafen, werden sie mit geschlossenen Augen dargestellt.

Bei Maria ist es anders. Ihre Augen sind geöffnet. Sie stirbt nicht in die Nacht der Hoffnungslosigkeit hinein, sondern schaut gläubig über das Ende ihres irdischen Lebens hinaus auf das, was kommen wird.

Und was kommt, wird uns in dem großen Gemälde von Peter Candid gezeigt, das gut hundert Jahre später entstanden ist. Maria wird aufgenommen in den Himmel, hineingenommen in die Lebensgemeinschaft des dreifaltigen Gottes. Mit ihrem auferstandenen Sohn darf sie nun das Leben Gottes mitleben.

Das eine Bild zeigt das Ende ihres irdischen Lebensweges. Das andere Bild zeigt uns: Wenn der irdische Lebensweg zu Ende ist, ist das Leben nicht zu Ende; dann kommt die Vollendung, aber nicht auf der Erde, sondern im Himmel bei Gott. Und diese Vollendung hat kein Ende, denn sie hat teil an Gottes Ewigkeit.

Das Evangelium dieses Festes führt uns an den Anfang und sagt uns, wie Maria ihren Weg begonnen hat. Elisabeth preist sie selig wegen ihres Glaubens: „Selig ist die, die geglaubt hat, dass sich erfüllt, was der Herr ihr sagen ließ“ (Lk 1,45).

Diesen Glauben hat Maria bekannt, als der Engel ihr die Botschaft Gottes überbrachte, dass sie die Mutter des Erlösers werden solle. Auf diese Botschaft antwortete sie mit dem Ja-Wort ihres Glaubens: „Siehe, ich bin die Magd des Herrn; mir geschehe, wie du gesagt hast“ (Lk 1,38).

Glaubend öffnet sie sich für Gott und lässt ihn durch seinen Geist in sich wirken; so wird sie die Mutter Jesu, des Sohnes Gottes. Als Mutter für immer mit Jesus verbunden, macht sie sich auf ihren Lebensweg. Ihr ganzes Leben ist ein Weg mit ihrem Sohn.

Dieser Lebensweg ist eine Glaubenspilgerschaft. Sie weiß nicht, wohin der Weg führt. An Jesus gebunden, vertraut sie sich der Führung Gottes an.

Hier wird deutlich, was glauben heißt: nicht nur ja sagen zur Botschaft, sondern auch den Weg gehen, den Gott uns mit seiner Botschaft führt. Der Glaube will nicht nur gedacht, er will gelebt werden.

Maria ist ihren Lebensweg tapfer gegangen, auch unter das Kreuz ihres Sohnes. Untrennbar mit dem gekreuzigten Jesus verbunden steht sie dort. Aufgenommen in den Himmel ist sie nun auch mit ihrem auferstandenen Sohn in seiner göttlichen Herrlichkeit verbunden.

Das feiern wir an Mariä Himmelfahrt, die Vollendung ihres Glaubensweges mit Jesus. Jetzt hat ihr Glaube sein Ende gefunden und ist hinübergegangen in das Schauen Gottes und in die nie endende Freude des göttlichen Lebens.

Papst Franziskus sagt in seiner Enzyklika: „Maria ist die vollkommene Ikone des Glaubens." Damit verweist er uns auf Maria, damit wir von ihr lernen, was glauben heißt, und wie sie unser eigenes Leben als Glaubenspilgerschaft mit Christus verstehen sollen. Durch den Glauben sind auch wir mit Jesus verbunden. Christ sein heißt, mit Jesus Christus auf dem Weg sein. In der Apostelgeschichte wird das Christentum einfach als Weg bezeichnet (Apg 18, 25f.). Es ist ein neuer Weg. Neu ist er, weil er durch Christus möglich wurde. Jesus bezeichnet sich sogar selbst als diesen Weg. Im Abendmahlsaal fragte Thomas den Herrn beim Abschied: „Herr, wir wissen nicht, wohin du gehst. Wie sollen wir dann den Weg kennen?“ Darauf sagte Jesus zu ihm: „Ich bin der Weg“ (Joh 14,5f.). Darum ist der neue Weg, unser Glaubensweg, ein Christusweg.

Auf diesem Weg sind wir nicht allein. Die meisten von uns erinnern sich noch an das Wort von Papst Benedikt, das 2006 als Leitwort über seinem Besuch in der bayerischen Heimat stand: „Wer glaubt, ist nicht allein.“ Wir gehen den Glaubensweg unseres Lebens nämlich in der Gemeinschaft der Kirche. Sie ist das pilgernde Gottesvolk. In ihrer Mitte ist Christus anwesend. Er hat es uns nach seiner Auferstehung versprochen: „Seht, ich bin bei euch alle Tage bis zum Ende der Welt“ (Mt 28,20). Er ist da, auch wenn seine Gegenwart noch verborgen ist und wir ihn nicht sehen.

Diese seine Gegenwart feiern wir in der Eucharistie. Da spricht er zu uns im Wort der Heiligen Schrift. In der menschlichen Stimme, die uns das Wort Gottes vorträgt, vernehmen wir ihn selbst, wenn wir gläubig hinhören. Und in der hl. Kommunion reicht er uns seinen Leib zur Speise, also sich selbst. Da sehen wir, wie tief er uns mit sich verbindet. Er ist nicht nur da, sondern gibt uns auch Anteil an seinem Leben, indem er uns mit seinem Leib, also mit sich selbst nährt und uns Kraft gibt, den Weg mit ihm zu gehen.

In seinen Erdentagen sagte Jesus: „Wenn ich von der Erde erhöht bin, werde ich alle an mich ziehen" (Joh 12,32). Das geschieht bei der hl. Messe und nicht nur da. Er ist ständig bei uns und zieht uns mit der Kraft seiner Liebe an sich, damit wir unseren Lebensweg als Glaubensweg mit ihm gehen.

Wohin dieser Weg führt, wird an der in den Himmel aufgenommenen Gottesmutter sichtbar. Sie hat sich mit ihrem Glauben fest an Jesus gebunden, sich immer tiefer in die Gemeinschaft mit ihm hineinziehen lassen; sie ist treu und tapfer den Weg mit ihm gegangen und als erste am Ziel angekommen; von der Liebe ihres Sohnes wurde sie hineingehoben in die Herrlichkeit seiner Auferstehung.

Dorthin sind auch wir unterwegs als pilgerndes Gottesvolk. Wie Maria sollen auch wir uns anziehen lassen von der Liebe Christi und hineinheben lassen in seine Auferstehung. Das ist Kirche, ein großer Pilgerzug durch unsere Welt zu Gott. In Maria ist die Spitze dieses Zuges bereits bei Gott angekommen.

Ist dies das Bild, das wir von der Kirche haben? Meist bleibt unser Blick an ihrem institutionellen Gefüge hängen. So nehmen wir nur die Außenseite wahr und dringen nicht auf ihre Mitte vor, auf die Gemeinschaft mit dem auferstandenen Christus, der mit uns auf dem Weg ist.

Und diese Mitte sollen wir nicht nur sehen, sondern auch darstellen. Das ist unsere Aufgabe, nämlich vor der Welt zu bezeugen, dass wir mit Christus unterwegs sind. Das muss an uns sichtbar werden. Kann man uns das ansehen? Ist an der Weise, in der wir als Kirche leben, ablesbar, dass wir die Kirche des armen, gewaltlosen, demütigen und barmherzigen Jesus sind? Entstellen wir nicht vielmehr dieses Bild durch die Weise, wie wir mit Geld und Besitz, Macht, Prestige und Ansehen umgehen? Da brauchen wir uns nicht zu wundern, wenn die Freude an der Kirche erlischt und Menschen sich von ihr abwenden. Das erleben wir in unseren Tagen.

Darum ist Erneuerung angesagt. Wir alle sind gefordert, uns zu prüfen, wie wir im Hinblick auf unsere Gemeinschaft mit Jesus mit Geld, Macht und Prestige umgehen. Das betrifft in erster Linie uns, die Hirten der Kirche, uns Bischöfe und Priester; dann auch alle, die mit einem kirchlichen Dienst betraut sind, und schließlich alle, die zur Kirche gehören. Denn wir alle bilden miteinander die eine Kirche Jesu Christi. Darum ist jeder gefordert. An uns muss sichtbar werden, dass wir die Kirche des armen, gewaltlosen, demütigen und barmherzigen Jesus sind. Das ist das große Anliegen, das uns Papst Franziskus durch die beeindruckende Art seiner Amtsführung ans Herz legt.

Maria ist uns hierfür Vorbild. Schlicht und einfach, arm und bescheiden hat sie an Jesu Seite gelebt. Nie hat sie Ansehen oder Vorrechte erwartet oder gar eingefordert, weil sie die Mutter des Gottessohnes ist. Sie blieb immer die demütige Magd des Herrn, in mitfühlender Güte den Menschen zugewandt. So machte sie bei der Hochzeit in Kana ihren Sohn auf die peinliche Lage der Brautleute aufmerksam.

Auf diesem Weg demütigen Dienens ist sie mit Jesus nach Golgotha gegangen und durfte darum mit ihm auch in seine himmlische Herrlichkeit eingehen.

Sie ist das Urbild der Kirche und spiegelt wider, was die Kirche im tiefsten ist: Mit Jesus Christus pilgerndes Gottesvolk, das in ihr bereits am Ziel, bei Gott angekommen ist.

Mit der Aufnahme Mariens in den Himmel zeigt uns Gott, dass er in seinem Herzen Platz hat für uns alle. Öffnen wir uns ihm im Glauben, wie es Maria getan hat, dass er auch in unserem Herzen Platz findet, und gehen wir wie sie unseren Lebensweg mit Christus. Dann stimmt die Richtung. Dann sind wir auf dem rechten Weg, der uns hineinführt in die Arme Gottes, an das Herz Gottes.

27.
Gottes Plan

Passt das Fest Mariä Himmelfahrt noch in unsere Zeit? Täglich sehen wir Bilder von Terror und Krieg! Die Brandherde im Nahen Osten wollen kein Ende nehmen. Immer noch sterben Menschen an Hunger und leben im Elend. Gott hat die Welt gut erschaffen. Doch das Übel in der Welt haben wir Menschen verursacht. So sieht es nun auf Erden aus – und wir schauen in den Himmel. Ist das ein Ablenkungsmanöver?

Uns geht es zwar gut. Wir leben in Freiheit, in Frieden, die meisten sogar im Wohlstand. Doch es gibt Böses auch bei uns, Ungerechtigkeit, Lüge, Betrug, Gewalt; es gibt Arme, denen wir helfen müssen, und es gibt Kranke, denen wir nicht mehr helfen können. Und alle wollen wir leben, nicht sterben. Wir wollen ewig leben, aber die Vergänglichkeit schneidet unerbittlich jeden Tag ein Stück unseres Lebens ab, bis nichts mehr da ist. Dann kommt das Ende, der Tod.

Lohnt sich ein solches Leben überhaupt? Was hat sich Gott gedacht, als er den Menschen und die Welt erschuf? Fragen wir ihn: Was hast du mit uns vor?

Auf diese Frage hat uns Gott bereits geantwortet. Seine Antwort ist einfach. Sie lautet: Jesus Christus. Mit dem gekreuzigten und auferstandenen Herrn hat uns Gott die Antwort gegeben.

Mit dem Kreuz Christi antwortet er auf die Sünde und das Böse in der Welt. Denn am Kreuz hat der Herr mit seiner gewaltlosen Liebe die Macht des Bösen überwunden, die Sünde getilgt, die Mauern der Feindschaft eingerissen, Frieden gestiftet und den Tod besiegt.

Der Sieg der gewaltlosen Liebe des Gekreuzigten zeigt sich in seiner Auferstehung von den Toten und seinem Einzug in das ewige Leben in Gottes Herrlichkeit. Damit antwortet Gott auf unsere Sehnsucht nach ewigem Leben.

Denn das ist geschehen für uns! Christus ist für uns gestorben, und er ist für uns auferstanden. Das geschah vor 2000 Jahren in Jerusalem. Wir alle sollen nun an seinem Sieg über Sünde und Tod Anteil erhalten.

Das ist sein Plan. Und was das für uns heißt, zeigt uns Gott am Fest der in den Himmel aufgenommenen Gottesmutter. Er hat sie der Macht des Bösen entrissen, und zwar schon vom ersten Augenblick ihres Lebens, von ihrer Empfängnis an. Durch Christi Gnade war sie vor aller Verstrickung in das Böse bewahrt. Und nach Ablauf ihres irdischen Lebens hat er sie aufgenommen in den Himmel. Dort nimmt sie teil am Leben ihres von den Toten erstandenen Sohnes. Auferweckt lebt sie mit Leib und Seele mit Christus Gottes Leben. Wir können darum sagen: Was wir heute feiern, ist das Ostern Marias. Das soll auch uns zuteil werden.

Christi Ostern soll auch unser Ostern werden. Von den Toten erweckt, werden auch wir einmal mit Leib und Seele hineingenommen in die Auferstehung Jesu Christi. Mit ihm werden wir wie Maria beim himmlischen Vater sein, durchglüht von der Liebe Gottes. Das heißt, wir werden teilhaben am Leben des dreifaltigen Gottes. Das ist der Himmel. Dorthin ist Maria aufgenommen worden, dort lebt sie nun in unbeschreiblicher, nie endender Seligkeit. Dorthin sollen auch wir aufgenommen werden. Das ist Gottes Plan mit uns.

Mit Maria hat Gott bereits begonnen, seinen Plan zu verwirklichen. In der Präfation diese Festes beten wir darum: „Dem pilgernden Volk ist sie ein untrügliches Zeichen der Hoffnung und eine Quelle des Trostes." Daher lohnt es sich zu leben, mit all der Mühsal und den Nöten, die zum Leben in dieser vergänglichen, vom Tod gezeichneten Welt gehören.

Noch sind wir auf dem Weg. Aber wir haben in Maria das Ziel vor Augen. Auf dieses Ziel hin läuft unser Lebensweg, hinein in das unbeschreibliche Glück, in die Auferstehung mit Christus und das Leben des dreifaltigen Gottes. Vollendet wird Gottes Plan erst sein, wenn wir alle angekommen sind dort, wo Maria schon ist, und die ganze Schöpfung in einen neuen Himmel und eine neue Erde verwandelt ist. Das ist das Ziel. Doch das steht noch aus.

Warum schenkt uns Gott dieses Glück nicht sofort? Warum schickt er uns auf den mühsamen Weg unseres Lebens in dieser Welt? Warum also nicht sofort? Weil er uns ernst nimmt. Er nimmt uns ernst und auch seine Gabe, die beseligende Gemeinschaft mit ihm. Sie ist das Geschenk seiner Liebe.

Und Liebe kann man nicht ungefragt einem andern gleichsam überstülpen. Liebe ist ein Geschenk, das in Freiheit gegeben und in Freiheit angenommen wird. Von beiden Seiten ist die Freiheit gefordert, vom Geber und vom Beschenkten. Sonst kann man nicht von Liebe sprechen.

Als Gott, der Vater, seinen Sohn als Menschen in die Welt sandte, hat er auch Maria gefragt, ob sie bereit sei, seine Mutter zu werden. In Freiheit hat sie ihr Ja-Wort gegeben, dieses große Geschenk Gottes anzunehmen. Dieses Ja-Wort hat sie damals gesprochen für sich und für uns. Denn Jesus Christus ist das Geschenk des Vaters für uns alle.

Gott will uns mit dem Glück des Himmels seine Liebe schenken. Dieses Geschenk können wir nur in Freiheit annehmen und mit unserer Liebe erwidern. Dazu hat er uns die Freiheit gegeben. Wir sind frei, die Gabe Gottes anzunehmen oder uns ihr zu verweigern. Wir müssen uns entscheiden. Vor dieser Entscheidung kann sich keiner drücken. Gott nimmt uns ernst, indem er uns nichts aufnötigt, sondern unsere Freiheit respektiert. Darum stellt er uns auf unseren Lebensweg. Auf ihm sollen wir zeigen, dass wir in Freiheit seine Gabe annehmen. Wir sollen uns würdig erweisen, von ihm in den Himmel, in die Gemeinschaft mit ihm aufgenommen zu werden.

Der hl. Augustinus sagt: „Niemand kann für das kommende Leben geeignet sein, der sich jetzt dafür nicht übt." In unserem Leben hier auf Erden geht es also darum, zu zeigen, dass wir für das Leben mit Gott geeignet und dessen würdig sind.

Worauf kommt es dabei an? Papst Franziskus besuchte vor einiger Zeit das Haus der Mutter-Teresa-Schwestern in Rom. Als er sah, wie viel Gutes da getan wird, sagte er: „Die Musik dieses Hauses ist die Liebe." Das sollte auch für uns gelten. Die Musik unseres Lebens muss die Liebe sein. D. h. wir selbst und unsere Lebensbereiche sollen von der Liebe beseelt sein, unsere Familien und unsere Berufswelt, der Kreis unserer Freunde und Bekannten. So wird die Liebe zur Musik unseres Lebens. Damit öffnen wir uns für das Geschenk Gottes, und wir zeigen damit auch, dass wir des ewigen Lebens würdig sind.

Diesen Weg gehen wir nicht allein, sondern miteinander. Das wird sichtbar in der Liebe, die wir einander schenken. Diese Vernetzung auf unserem Lebensweg ist wichtig. Denn die Gemeinschaft auf Erden vollendet sich im Himmel. Dort werden wir unser Glück nicht abgesondert von den anderen in einem Separée mit Gott finden, sondern nur in der Gemeinschaft aller Erlösten. Wenn Jesus vom Himmel spricht, beschreibt er ihn als Festmahl oder königliches Hochzeitsmahl, also als großes gemeinsames Fest. Im Himmel gehören wir alle zusammen in einer Gemeinschaft mit dem dreifaltigen Gott. Dorthin sind wir miteinander unterwegs.

Was uns da bevorsteht, wird uns also in der in den Himmel aufgenommenen Gottesmutter gezeigt. Sie ist als erste eingegangen in die Herrlichkeit, die uns allen verheißen ist. Christus hat sie aufgenommen in seine österliche Glorie beim Vater, hineingetaucht in das ewige Leben Gottes, der Liebe ist.

Um dieses Zieles, um unserer Vollendung willen lohnt es sich, in dieser Welt zu leben, die Last und Mühsal des irdischen Lebens auf uns zu nehmen und auch das Kreuz unseres notleidenden Nächsten mitzutragen.

Machen wir darum die Liebe zur Musik unseres Lebens. Dann sind wir auf dem rechten Weg und dürfen sicher sein, das Ziel zu erreichen, wie Maria aufgenommen zu werden in die Auferstehung Jesu Christi, in das Leben des dreifaltigen Gottes.

28.

Das Ostern Mariens – das Ostern der Welt

Auf dem Zionsberg in Jerusalem steht eine Abtei. Sie trägt den Namen Dormitio Mariae, d. h. Entschlafung Mariens. Denn nach alter Überlieferung ist die Gottesmutter dort im Kreis der Apostel gestorben. Und unten im Kedrontal zeigt man ein Grab, das als Grab Mariens verehrt wird. Dieses Grab ist leer, Ausdruck unseres Glaubens, dass Maria nicht im Tod geblieben ist, sondern von den Toten erstanden und in den Himmel aufgenommen worden ist.

Woher wissen wir das? In der Hl. Schrift finden wir davon nichts. Und es dauert lang, bis wir im 4. Jahrhundert Zeugnisse von der Auferstehung Mariens und ihrer Aufnahme in den Himmel finden. Wie kommt die Kirche dazu, zu lehren, dass Maria nicht tot im Grab liegen blieb, sondern mit Leib und Seele in den Himmel aufgenommen wurde? Wie hat die Kirche das erkannt?

In der Weihnachtsgeschichte heißt es: „Maria bewahrte alles, was geschehen war, in ihrem Herzen und dachte darüber nach“ (Lk 2,19). Das tut auch die Kirche, die Gemeinschaft der Glaubenden. Sie denkt über die Botschaft nach, die sie glaubend von den Aposteln empfangen hat. In dieser Botschaft leuchtet eine besondere, einmalige Verbundenheit Mariens mit ihrem göttlichen Sohn auf. Und diese ihre einmalige Verbundenheit mit Jesus im Leben muss sich auch auswirken auf ihren Tod. Im gläubigen Nachdenken entdeckt die Kirche: Maria war vereint mit Jesus in seinem Leben und Sterben, darum ist sie auch vereint mit ihm in seinem Auferstehen und seinem Leben beim Vater im Himmel.

Wir können uns diesen Vorgang verständlich machen an Erfahrungen, die wir alle schon gemacht haben. Wir kennen die Passionsgeschichte Jesu. Wenn wir uns mit ihr befassen und darüber nachdenken, entdecken wir immer wieder Neues, das uns bis dahin verborgen war. Oder wir haben einen Freund, von dem wir glauben, ihn gut zu kennen. Doch im Laufe der Zeit gehen uns an ihm neue Fähigkeiten und Eigenschaften auf, die uns bis dahin unbekannt waren. Das gelebte Miteinander in der Ehe führt die Eheleute in ein immer tieferes gegenseitiges Verstehen.

So erkannte die Kirche im gläubigen Bedenken der Botschaft der Apostel, dass Maria nicht im Tod geblieben, sondern auferweckt und in den Himmel aufgenommen worden ist. Diese Erkenntnis ist die Frucht menschlichen Nachdenkens, aber sie geschah im Licht des Heiligen Geistes, den Jesus ihr verheißen hat. Vor seinem Leiden hat er ja den Jüngern versprochen: „Der

Geist der Wahrheit wird euch in die ganze Wahrheit einführen“ (Joh 16,13).

Gestützt auf den Beistand des Heiligen Geistes konnte Papst Pius XII. am 1. November 1950 als von Gott geoffenbarte Wahrheit den Glauben der Kirche verkünden: Maria ist nach Ablauf ihres irdischen Lebens mit Leib und Seele in den Himmel aufgenommen worden.

Bedenken wir noch etwas näher den Übergang Mariens aus dieser Welt zu Gott. Was ist da geschehen? Ihr toter Leib wurde nicht in das Leben zurückgeholt, das er vor dem Tod hatte. Vielmehr wurde Maria mit Leib und Seele in die Auferstehung Jesu hineingenommen. Sie wurde erfüllt von der Herrlichkeit Gottes, die den auferstandenen Herrn durchflutet. Das ist unverhüllte Teilnahme am Leben Gottes. Das ist der Himmel: mit dem auferstandenen Christus bei Gott, dem Vater, leben. Dorthin wurde Maria aufgenommen. Das feiern wir an Mariä Himmelfahrt: das Ostern Mariens.

Unsere Worte und Begriffe versagen, um dieses Geheimnis angemessen auszudrücken. Was hier geschieht, geht über menschliches Begreifen hinaus, denn es hat Teil an der Unbegreiflichkeit Gottes.

Warum hat Gott uns das geoffenbart? Nicht um unsere Neugierde zu befriedigen. Natürlich ist es interessant, zu wissen, was mit Maria nach ihrem Sterben geschehen ist. Gott hat uns dieses Geheimnis Mariens geoffenbart, weil es mit uns zu tun hat, und zwar sehr viel.

Gott zeigt uns mit der Aufnahme Mariens in den Himmel: Was an Ostern mit Christus geschehen ist, geht weiter. Im 1. Korintherbrief des heiligen Paulus heißt es: „Christus ist von den Toten auferweckt worden als der Erste der Entschlafenen, und in Christus werden alle lebendig gemacht" (1 Kor 15,20-22). An Maria ist das erstmals geschehen.

An ihr zeigt uns Gott das Ziel, zu dem wir alle unterwegs sind. Denn er hat uns „dazu bestimmt, an Wesen und Gestalt seines Sohnes teilzuhaben, damit dieser der Erstgeborene unter vielen Brüdern sei" (Röm 8,29). Wie Maria werden auch wir mit Leib und Seele in den Himmel aufgenommen. An die Philipper schreibt der Apostel Paulus, dass Jesus Christus „unseren armseligen Leib verwandeln wird in die Gestalt seines verherrlichten Leibes" (Phil 3,21).

Grundgelegt wurde das bereits in der Taufe. Wir wurden hineingetauft in die Gemeinschaft mit dem von den Toten erstandenen Christus. Dadurch haben wir bereits Anteil an seiner Auferstehung empfangen. Der hl. Paulus kann darum sagen: „Gott hat uns mit Christus auferweckt und uns zusammen mit ihm einen Platz im Himmel gegeben" (Eph 2,6). Diese unsere Gemeinschaft mit Christus ist jetzt zwar noch verborgen, wie ja auch er selbst noch verborgen ist. „Wenn er aber offenbar wird, werden wir ihm ähnlich werden" (1 Joh 3,2).

An Maria ist das bereits geschehen. Und einst werden auch wir, wie sie, unverhüllt an der Auferstehung Jesus Christi teilhaben und in der Liebe Gottes auf ewig geborgen sein.

Das sagt uns Gott mit der Aufnahme Mariens in den Himmel. Doch diese frohe Botschaft gilt nicht nur uns, sie gilt der ganzen Schöpfung.

Der hl. Paulus sagt: „Die gesamte Schöpfung seufzt bis zum heutigen Tag und liegt in Geburtswehen. Sie wartet sehnsüchtig auf das Offenbarwerden der Söhne Gottes. Auch sie soll befreit werden zur Freiheit und Herrlichkeit der Kinder Gottes“ (Röm 8,19-22).

Das ist eine frohe Botschaft an unsere Welt, auch an die Welt unserer Tage. Wir erleben zur Zeit Weltgeschichte als Trümmergeschichte. Davon spricht die Offenbarung des Johannes: „Ein Drache, groß und feuerrot, mit sieben Köpfen und zehn Hörnern und mit sieben Diademen auf seinen Köpfen. Sein Schwanz fegte ein drittel der Sterne vom Himmel und warf sie auf die Erde herab“ (Offb 12,3). Mit diesem Bild wird uns die zerstörerische Macht des Bösen in unserer Welt vor Augen geführt.

Das wird ein Ende haben. Gott vernichtet den Tod und alles Böse. Ja er wird die ganze Welt verwandeln in einen neuen Himmel und eine neue Erde. Die ganze Schöpfung wird erleuchtet sein von der Herrlichkeit Gottes (vgl. Offb 21).

Begonnen hat das an Ostern mit der Auferstehung des gekreuzigten Jesus, dem Sieg Gottes über Sünde und Tod. An der Aufnahme Mariens in den Himmel zeigt uns Gott, dass sein Sieg sich auf uns ausweitet. Maria ist die Erste, die in den Himmel aufgenommen wurde und am göttlichen Leben ihres auferstandenen Sohnes teilhat. Und das geht weiter bei uns. Auch wir werden einmal leibhaft in den Himmel aufgenommen und mit Christus auferstanden beim Vater leben. Und schließlich wird die ganze Schöpfung teilhaben an der Herrlichkeit der Kinder Gottes und vom göttlichen Licht durchflutet sein.

Das ist die frohe Botschaft, die wir gläubig an Mariä Himmelfahrt feiern. Werner Bergengruen hat diesen Glauben in einem Gedicht in Worte gefasst:

> Selig, selig, die da glauben,
> selig, denn sie werden sehen.
> Einst wird sich das Kreuz belauben
> und die Schöpfung auferstehn.

Mit der Aufnahme Mariens in den Himmel hat das Ostern der Welt bereits begonnen, und es geht weiter, bis es am Ende der Zeiten vollendet wird. Dann ist alles Böse vernichtet. „Der Tod wird nicht mehr sein, keine Trauer, keine Klage, keine Mühsal“ (Offb 21,4). Denn dann wird die Gottesherrlichkeit des auferstandenen Herrn die ganze Welt erfüllen und „Gott alles in allem sein“ (1 Kor 15,28).

29.
Die Zugkraft der Liebe

Kurz vor seinem Leiden hat Jesus uns verheißen: „Wenn ich von der Erde erhöht bin, werde ich alle an mich ziehen“ (Joh 12,32). Was hat er damit gemeint? Und was heißt das für uns?

Mit dem Fest der Aufnahme Mariens in den Himmel gibt er uns die Antwort. Er hat Maria zu sich in den Himmel aufgenommen. Er hat sie schon an sich gezogen, als er sie zu seiner Mutter erwählte. Das war erst der Anfang. Und am Ende ihres irdischen Lebens hat er sie in den Himmel hinein an sich gezogen und aufgenommen in seine österliche Herrlichkeit. Dort hat sie teil an seiner Auferstehung. So ist das Ostern Jesu auch ihr Ostern geworden.

Als Jesus sagte „Wenn ich von der Erde erhöht bin, werde ich alle an mich ziehen“, hat er uns allen versprochen, dass er auch uns zu sich in den Himmel ziehen wird und an seiner österlichen Herrlichkeit teilhaben lässt. Sein Ostern soll auch unser Ostern werden. Auch das zeigt er uns mit diesem Fest.

Jesus zieht uns nicht erst am Ende unseres Lebens zu sich; damit beginnt er schon jetzt. Wenn wir einem

Menschen unsere Zuneigung zeigen wollen, umarmen wir ihn und ziehen ihn an uns. Das tut Jesus auch mit uns, das tut er mit seiner Botschaft. Seine Botschaft ist ein einziger Ruf der Liebe. Er ruft uns alle: „Kommt alle zu mir, die ihr mühselig und beladen seid! Ich will euch erquicken" (Mt 11,28).

Die Zugkraft, mit der er uns zu sich zieht, ist die Liebe. Welche Anziehungskraft die Liebe besitzt, wissen wir aus unseren Lebenserfahrungen. Durch die Kraft der Liebe entstehen Freundschaften, sogar lebenslange Freundschaften. Vor allem in der Ehe wird diese Kraft sichtbar. Mann und Frau verbindet die Liebe so innig, dass beide einander gehören und eins werden bis in den Tod.

Jesus geht auf uns zu und zieht uns an sich mit seiner göttlichen Liebe. Er lädt uns ein: „Kommt alle zu mir!" Jedem von uns geht er nach und sucht uns. Das offenbart er uns im Gleichnis vom Hirten, der 100 Schafe hat und eines davon verliert. Er geht dem Verlorenen nach und sucht es, bis er es gefunden hat (Lk 15,3-7). Jesus sagt: „Ich stehe vor der Tür und klopfe an" (Offb 3,20). Er steht vor uns und klopft an die Tür unseres Herzens. Auch mit diesem Bild zeigt er uns: Er will uns bei sich haben, uns zu sich ziehen.

Wie groß die Kraft seiner Liebe ist, verrät uns der Blick aufs Kreuz. Da hängt Jesus, sein Herz steht uns offen; die Arme hat er ausgebreitet, um uns zu sich zu ziehen mit der Kraft seiner Liebe, die nicht mehr gesteigert werden kann. Eine größere Liebe gibt es nicht. Denn er gibt sich selbst und damit alles. „Es gibt keine größere Liebe, als wenn einer sein Leben hingibt für seine Freunde" (Joh 15,13). Das hat Jesus gesagt, und das hat er auch getan, um uns zu sich zu ziehen. Für uns ist er gestorben, um sich uns zu schenken. In jeder Eucharistiefeier werden wir an das „für euch" Jesu erinnert, wenn der Priester seine Worte spricht: „Das ist mein Leib, der für euch hingegeben wird."

So groß und stark die Anziehungskraft seiner Liebe auch ist, niemand wird genötigt, niemand wird gezwungen. Denn Liebe kann man nur in Freiheit annehmen; und man nimmt sie an, indem man sie erwidert. Ich empfange Liebe, indem ich Liebe schenke. Empfangen und schenken gehören untrennbar zusammen. Beides ist nur in Freiheit möglich. Zwang oder Nötigung zerstören die Liebe.

So groß Jesu Sehnsucht ist, uns mit seiner Liebe zu beschenken und uns an sich zu ziehen, er lässt unsere Freiheit unangetastet. Ohne Freiheit könnten wir seine Liebe gar nicht annehmen. Darum hat er uns die Freiheit gegeben, dass er uns mit Liebe beschenken kann.

Wie geht es Jesus mit dem Geschenk seiner Liebe? Wird er gehört und auch seine Liebe erwidert? Wir können und dürfen uns kein Urteil bilden, wie sich die einzelnen Menschen verhalten. Doch ein Blick auf die Gesellschaft in unserem Land und in anderen europäischen Ländern zeigt, dass viele mit Gott und dem

Ruf Jesu nichts anfangen können. Viele bezeichnen sich als religionslos. Nicht wenige, die sich als religiös bezeichnen, leben, als ob es Gott nicht gäbe. Junge Menschen suchen für ihr Leben nach einer Perspektive. Wieviele fragen dabei nach Gott und beziehen ihn in ihre Suche mit ein? Es reicht nicht, einmal in der Woche beim Gottesdienst eine Stunde Gott die Ehre zu geben, wenn er während der Woche keine Rolle mehr spielt.

Wir leben in einer Zeit, in der Gott in eine weite Ferne gerückt erscheint. Doch nicht er hat sich von uns abgewandt. Viele kehren ihm den Rücken zu. Die Gottvergessenheit ist ein Kennzeichen unserer Zeit. Der weise und fromme jüdische Gelehrte Martin Buber hat schon im letzten Jahrhundert von einer Gottesfinsternis gesprochen.

Gott hat sich nicht zurückgezogen, er hat uns nicht verlassen. Jesus ruft auch heute: „Kommt alle zu mir!" Auf diesen Ruf seiner Liebe müssen wir antworten.

Echte Liebe geht aufs Ganze, auch Jesu Liebe. Er will sich uns ganz schenken, nicht nur für bestimmte Zeiten, sondern für immer; und nicht nur einen Teil von sich, sondern sich ganz. Darauf müssen wir antworten, und zwar mit einer Liebe, die aufs Ganze geht.

Was das heißt, sehen wir an Maria. Der Engel brachte ihr die Botschaft, sie solle die Mutter des Erlösers werden. Das bedeutet, Jesus will sie in sein Leben hereinholen, indem sie seine Mutter wird. Und wie reagiert Maria? Sie fragt, wie das geschehen solle. Mit dieser Frage äußert sie keinen Vorbehalt, sondern ihre Bereitschaft. Sie will nur wissen, was sie tun und wie sie sich verhalten soll. Sie ist ja mit Josef verlobt. Der Engel gibt ihr Auskunft: Du brauchst gar nichts zu machen. Gottes Schöpfergeist bewirkt, dass du die Mutter des Erlösers wirst. Darauf antwortet sie: „Siehe, ich bin die Magd des Herrn. Mir geschehe, wie du es gesagt hast“ (Lk 1,38).

Mit diesem Ja-Wort hat sie sich für Gott geöffnet, ohne jeden Vorbehalt, und Jesus in ihr Leben aufgenommen. So tief hat sie ihn in ihr Leben hereingenommen, dass sie seine Mutter geworden ist.

Wir alle sind von Gott geliebt. Jesu Ruf ergeht an jeden von uns. Keiner ist ausgenommen. Jeden will er zu sich ziehen. Wir aber müssen uns ziehen lassen, uns ihm öffnen, seine Liebe erwidern und ihn hereinlassen in unser Leben.

Er ist bei uns. Wir sehen ihn nicht. Aber er ist da. Die große Teresa von Avila sagt: „Wisst, dass Gott auch inmitten der Kochtöpfe und Pfannen zugegen ist.“ Das heißt, auch in unsrem Alltag ist der Herr bei uns, wo immer wir leben und arbeiten.

Lassen wir uns darauf ein und nehmen wir den Ruf seiner Liebe ernst, indem wir ihm Raum geben in unserem Leben. Die vielen Kirchen in unserem Land laden uns ein, Zeit für Gott zu haben, an ihn zu denken, zu fragen, was er von uns erwartet, und dann um seine Gegenwart wissend den Alltag zu leben und seinen Willen erfüllen. So zeigen wir ihm, dass wir die Zugkraft seiner Liebe annehmen.

Und er zieht uns an sich, leise, wie es seine Art ist, incognito. Aber am Ende unseres irdischen Pilgerweges, wenn unser Leben vollendet wird, wird das offenbar. Dann zieht er uns an sich, hinein in seine Auferstehung, wie er das bei Maria getan hat. Dann wird sein Ostern auch zu unserem Ostern, und wir dürfen mit ihm ewig leben am Herzen Gottes, des Vaters.

30.

Maria
und der Dienst des Priesters

(Predigt zur Priesterweihe
an Mariä Himmelfahrt)

Wir feiern heute zwei Feste, die Aufnahme Mariens in den Himmel und eine Priesterweihe. Geht das? Kann man zwei so verschiedene Feste miteinander feiern? Oder haben sie doch etwas miteinander zu tun?

Schauen wir auf das Geheimnis von Mariä Himmelfahrt. Unser Glaube bekennt: Nach Ablauf ihrer irdischen Pilgerschaft ist Maria mit Leib und Seele in den Himmel aufgenommen worden.

In den Himmel, was heißt das? Was ist der Himmel? Das ist kein Ort wie die Orte unserer Welt. Der Himmel, das ist Jesus Christus, der auferstandene Herr. Mit ihrer Aufnahme in den Himmel wurde Maria aufgenommen in die Gemeinschaft mit dem auferstandenen Herrn, hineingenommen in das göttliche Leben, das Jesus gemeinsam mit dem Vater lebt.

Man kann auch sagen, das heutige Fest ist Mariens Ostern. Jesus hat seine Mutter in seine eigene Auferstehung hereingeholt. Dazu gehört auch der Leib. Das sehen wir an Jesus. Als er von den Toten erstanden zu den Jüngern kommt, zeigt er ihnen die Male der Nägel. Thomas darf sie sogar berühren. Damit macht er uns deutlich, er hat in der Auferstehung seinen Leib, und was er in diesem Leib gelebt hat, nicht abgelegt; er hat sein menschliches Leben, das er von Bethlehem bis Golgatha gelebt hat, mitgenommen und verwandelt in göttliches Leben.

So ist auch Maria mit Leib und Seele in den Himmel aufgenommen worden. Das ist die frohe Botschaft des heutigen Festes an uns alle. Denn auch uns ist verheißen, dass wir in unserer Leibhaftigkeit auferstehen werden. Maria ist als erste vorausgegangen. Wir folgen ihr.

Die Aufnahme Mariens in den Himmel hat eine Vorgeschichte. Als der Sohn Gottes Mensch wurde, hat Maria ihn in sich aufgenommen. Sie empfing vom Heiligen Geist und schenkte dem Sohn Gottes das menschliche Leben. Bei Mariä Himmelfahrt ist es umgekehrt: Maria, die Jesus in sich aufgenommen hat, dass er als Mensch leben konnte, wird nun von ihrem auferstandenen Sohn zu sich aufgenommen, wo sie nun mit ihm sein göttliches Leben leben darf.

Das feiern wir am heutigen Fest. Und was hat das mit der Priesterweihe zu tun? Worum geht es im priesterlichen Dienst? Unser Bruder Amandus wird jetzt für den Dienst Jesu Christi geweiht. Nur von Christus her ist zu verstehen, was der Priester ist und was er zu tun hat.

Jesus ist in der Auferstehung zum Vater heimgekehrt. Dort sitzt er zur Rechten des Vaters. Aber er ist auch bei uns geblieben. Das hat er uns versprochen: „Seht, ich bin bei euch alle Tage bis zum Ende der Welt" (Mt 28,20). Er ist bei uns geblieben, um auch heute die Menschen zu sich zu rufen; er will sie in seine Gemeinschaft aufnehmen, so mit sich verbinden, dass sie an seinem Leben teilhaben. „Ich bin gekommen, dass sie das Leben haben und es in Fülle haben" (Joh 10,10). Mit diesen Worten hat Jesus seine Sendung beschrieben. Diese seine Sendung führt er weiter auch in unseren Tagen. Er will auch heute die Menschen in seine Gemeinschaft aufnehmen, ihnen Anteil geben an seinem Leben; das ist göttliches Leben. Es gibt für uns nichts Schöneres als Gemeinschaft mit Gott zu haben. Denn in ihm ist uns alles geschenkt, das Leben Gottes, das Leben in Fülle.

Um diese seine Sendung zu erfüllen, ruft Jesus Menschen in seinen Dienst und bestellt sie zu Priestern. Heute tut er das mit unserem Bruder Amandus.

Lieber Bruder Amandus, wir legen Dir nachher die Hände auf. Diese Handauflegung zeigt, dass Jesus selbst seine Hand auf Dich legt. Er wird Dich nie mehr aus der Hand geben. Denn er will durch Dich Menschen zu sich holen. Er tut es, aber er tut es durch Dich. Darum musst Du in Deinem Wirken sichtbar machen, was er tut.

So wirst Du bei der Eucharistie einen Platz einnehmen, der Dir nicht zukommt. Du stehst für Jesus am Altar, damit sichtbar wird, er ist in unserer Mitte so wirklich und leibhaft, wie er beim Abendmahl im Kreis seiner Jünger war. Darum ziehst Du auch ein Messgewand an, nicht um Dich darzustellen, sondern um hinter diesem Gewand zu verschwinden und Jesus darzustellen und zu zeigen, er ist da. In Deinem Tun soll sichtbar werden, was Jesus tut.

In Deinem priesterlichen Dienst ist nämlich Jesus am Werk. Wenn Du das Evangelium verkündest, hast Du sein Wort zur Sprache zu bringen. Jesus will durch Deinen Mund zu den Menschen sprechen. „Wer euch hört, hört mich" (Lk 10,16). Dieses Wort Jesu an seine Jünger trifft nun auch auf Dich zu. In diesem Bewusstsein schreibt Paulus den Thessalonichern, er danke Gott „unablässig dafür, dass ihr das Wort Gottes, das ihr durch meine Verkündigung empfangen habt, nicht als Menschenwort, sondern – was es in Wahrheit ist – als Gottes Wort angenommen habt" (1 Thess 2,13). Deine Aufgabe ist es nicht, Deine Ansichten zu verkünden, sondern das Wort Gottes durch Dich sprechen zu lassen. In Deinem Menschenwort will Gottes Wort hörbar werden.

Dieses Sprechen Jesu findet seinen Höhepunkt bei der Feier der Eucharistie. Du nimmst das Brot und sprichst, wie Jesus beim Letzten Abendmahl gesprochen hat: Das ist mein Leib. In Deinem Wort wird hörbar, was Jesus sagt und durch sein Wort bewirkt; dass nämlich das Brot in seinen Leib verwandelt wird. Und dasselbe geschieht mit dem Wein. Durch sein Wort, hörbar in Deinem Wort, wird der Wein verwandelt in sein Blut. Bei der Feier des Bußsakramentes wirst Du sagen: „Ich spreche dich los von deinen Sünden." In diesem Wort wird hörbar, was Jesus sagt und tut. Er vergibt die Sünde und schenkt die Gnade, nicht Du.

Das priesterliche Handeln ist ein Tun mit Jesus. Dabei ist Jesus der eigentlich Handelnde, und Du bist nur sein Mund oder seine Hand, durch die er wirkt. Durch Deinen priesterlichen Dienst zieht er mit seiner Liebe Menschen an sich, in sein göttliches Leben hinein.

Diese Zugkraft der Liebe Jesu soll durch Dich erfahrbar werden. Darum wird Dein ganzes Leben in Deine Sendung einbezogen. Wenn ich Dir nachher die Opfergaben überreiche, werde ich zu Dir sagen: „Bedenke, was du tust, ahme nach, was du vollziehst, und stelle dein Leben unter das Geheimnis des Kreuzes."

Bedenke, was Du tust, ahme nach, was Du vollziehst. Das heißt, nicht nur Deine einzelnen priesterlichen Handlungen müssen echt und glaubwürdig sein. Dein ganzes Leben muss dem entsprechen. Jesus Christus nimmt Dich auf in den Kreis seiner Freunde, denen er seine Sendung anvertraut. Darum muss Dein ganzes Leben das Leben eines Christusfreundes sein.

Dazu gehört, dass Du Dein Leben unter das Geheimnis des Kreuzes stellst. Das Kreuz ist die Quelle des Heiles. Du wirst immer wieder mit dem Kreuzzeichen segnen. Doch nicht nur, was Du tust, soll Segen stiften; Du selbst sollst für die Menschen, die Dir anvertraut werden, ein Segen werden. Darum musst Du Dein Leben unter das Geheimnis des Kreuzes stellen; d. h. das Kreuz tragen, das mit der Sendung des Priesters verbunden ist.

Du bist ein Mönch des Klosters Ettal. Als Mönch vollziehst Du nun den Priesterdienst. Das Besondere des Mönches ist es, in der Gemeinschaft der Brüder betend vor Gott zu stehen. Das Gebet ist eine Quelle der Kraft, die Du brauchst. Jesus hat ganze Nächte im Gespräch mit dem Vater durchwacht. Aus seinem Beten ging sein Wirken hervor. Vergiss nie, wie Jesus im Ölgarten gebetet hat und aus diesem Gebet ans Kreuz gegangen ist, um die Welt zu erlösen.

Als Mönch sollst Du ein Abbild des betenden Jesus sein. Dadurch wirst Du immer tiefer in die Freundschaft mit dem Herrn hineinwachsen und zu einem glaubwürdigen Boten seiner Liebe werden.

Die Sendung, die Dir heute anvertraut wird, kannst Du nicht aus eigener Kraft erfüllen. Das übersteigt Deine Kräfte. Die Kraft, die Du brauchst, gibt Dir der Herr durch seinen Geist. Auch Jesus hat alles, was er getan hat, in der Kraft des Heiligen Geistes getan. Er gibt Dir seinen Geist, damit auch Du alles, was Dir heute aufgetragen wird, in seiner Kraft tust.

Gestärkt durch den Heiligen Geist sollst Du für viele ein Segen werden, Du sollst ihnen Jesus bringen.

Das ist Deine Aufgabe. Durch Deinen priesterlichen Dienst sollst Du die Menschen in die Gemeinschaft mit Jesus Christus führen, mithelfen, dass Christus durch den Glauben in ihren Herzen Wohnung nehme (vgl. Eph 3,17).

Mit ihnen soll geschehen, was mit Maria geschah. Bevor sie den Sohn Gottes leibhaft in ihren Schoß aufnahm, hatte sie ihn im Glauben bereits in sich aufgenommen. Jesus wohnte in ihr. Und diese ihre Gemeinschaft mit Jesus fand ihre Vollendung im heutigen Fest. Maria, die ihn auf Erden in sich aufgenommen hat, nahm der Herr nun zu sich in den Himmel auf. Du wirst nun durch die Weihe gesandt, mit Jesus zu arbeiten, dass die Menschen ihn aufnehmen. Er wird einst an ihnen vollenden, was Du gewirkt hast. Der Herr wird sie zu sich in den Himmel aufnehmen, wie er seine Mutter aufgenommen hat. Dein priesterliches Wirken ist also darauf ausgerichtet, dass die Menschen wie Maria in den Himmel aufgenommen werden. So gehören die beiden Feste Mariä Himmelfahrt und Priesterweihe zusammen.

Du wirst am Hochfest der Gottesmutter unter dem Gnadenbild Unserer Lieben Frau von Ettal zum Priester geweiht. Wir empfehlen Dich ihrem mütterlichen Schutz an. Maria stand unter dem Kreuz bei Jesus. Sie möge allzeit auch an Deiner Seite stehen. Sie helfe Dir, selbst immer mehr von Jesus Christus erfüllt zu werden. Sie begleite Dich in Deinem priesterlichen Dienst, dass Du für viele Menschen ein Segen wirst, für den Konvent, für die Schüler und Schülerinnen Eures Gymnasiums, für die Menschen, die von Dir Gottes Wort hören und mit Dir Eucharistie feiern, für jene, die Deinen Rat suchen und Dich um Deinen priesterlichen Dienst bitten. Du wirst ja nicht für Dich geweiht, sondern für die Menschen.

So geh nun Deinen Weg im Vertrauen auf den mütterlichen Beistand Mariens und werde für viele Menschen ein Segen. Führe sie in die Gemeinschaft mit Jesus Christus, der sie nach Ablauf ihrer irdischen Pilgerschaft wie Maria zu sich in den Himmel aufnimmt, in die Fülle seines göttlichen Lebens beim Vater.

31.
In der Schule Jesu

Die Kirche soll wachsen und sich ausbreiten bis an die Grenzen der Erde. Das ist Jesu Auftrag an seine Jünger. Wir erleben zur Zeit das Gegenteil. Weniger Priester, weniger Ordensleute, weniger Gläubige, die am Leben der Kirche teilnehmen. Wir sehen das am Rückgang derer, die den sonntäglichen Gottesdienst mitfeiern.

Machen wir etwas falsch? Fehlt es uns an Kraft? Fragen wir die beiden Apostel Petrus und Paulus. Zu ihrer Zeit und durch ihren Einsatz ist die Kirche damals gewachsen und zwar unaufhaltsam, trotz Verfolgungen. Wie haben sie es gemacht?

Sie mussten es erst lernen. Schauen wir auf Petrus. Am Gründonnerstag Abend zieht er am Ölberg das Schwert und haut dem Diener des Hohenpriesters das Ohr ab. Er will Jesus und die Sache Jesu mit der Macht des Schwertes retten. Jesus aber sagt zu ihm: „Steck dein Schwert in die Scheide!“ (Mt 26,52). Und einige Tage später sagt der Auferstandene zu Petrus: „Weide meine Lämmer, weide meine Schafe!“ (Joh 21,15-17). Jesus nimmt ihm das Schwert aus der Hand und gibt ihm dafür den Hirtenstab. Nicht mit dem Schwert, sondern mit der Liebe des guten Hirten soll er seine Sendung erfüllen und das Evangelium zu den Menschen tragen.

Und das nicht allein. Jesus verspricht ihm: „Ein anderer wird dich gürten und dich führen“ (Joh 21,18). Ein anderer wird Petrus gürten, d.h. ihn stärken, aufzubrechen und zu handeln. Dieser andere ist der Hl. Geist, der Petrus führt und stärkt.

Wir sehen dies an folgender Begebenheit. Petrus als Jude wäre nie auf den Gedanken gekommen, das Haus eines Heiden zu betreten. Doch der Geist führt ihn in das Haus des heidnischen Hauptmannes Kornelius nach Caesarea, damit er ihm das Evangelium verkünde. Daraufhin ging Petrus hinab nach Caesarea, betrat das Haus des Heiden, verkündete ihm das Evangelium und erlebte, wie der Hl. Geist auf Kornelius und seine Familie herabkam (Apg 10, 23-48).

Hier geschah an Heiden, was die Apostel an Pfingsten erlebt hatten. Als Petrus dies sah, sagte er: „Kann jemand denen das Wasser der Taufe verweigern, die ebenso wie wir den Hl. Geist empfangen haben?“ (Apg 10,47). So kam es zur Taufe der ersten Heiden.

Petrus hat gelernt. Und die übrigen Apostel haben es auch gelernt. Noch vor der Himmelfahrt fragten sie Jesus, ob er nun das Reich für Israel wieder herstelle. Sie stellten sich ein irdisches Reich vor wie zu Davids Zeiten. Doch Jesus schiebt ihre Frage und damit auch ihre Vorstellung bei Seite und sagt: „Ihr werdet die Kraft des Heiligen Geistes empfangen, der auf euch herabkommen wird, und ihr werdet meine Zeugen sein in Jerusalem ... und bis an die Grenzen der Erde" (Apg 1,6-8).

Keine Hilfsmittel, schon gar keine Macht stellt Jesus den Aposteln in Aussicht, nur den Heiligen Geist. Er genügt. Von ihm belehrt und gestärkt können sie ihren Auftrag erfüllen, für Jesus Zeugnis abzulegen.

Auch Paulus musste lernen, auf irdische Macht- und Hilfsmittel zu verzichten. Er war auf dem Weg nach Damaskus, um dort die Christen zu fesseln und nach Jerusalem zu bringen (Apg 9,2). Vor der Stadt erschien ihm Jesus. Paulus stürzt zu Boden, Jesus ruft ihn und bestellt ihn zum Apostel. Die Fesseln und mit ihnen alle Mittel der Gewalt legt er beiseite. Gestärkt durch den Hl. Geist tritt er auf, um mit seiner Botschaft Jesus zu den Menschen zu tragen.

In der Verkündigung des Evangeliums stellen die Apostel den Menschen Jesus vor Augen. So fragt der hl. Paulus die Galater, die er aus ihrem Irrtum zur Wahrheit des Evangeliums zurückholt: „Ist euch Jesus nicht deutlich als der Gekreuzigte vor Augen gestellt worden?" (Gal 2,1). Die Apostel legen Zeugnis ab für Christus und stellen ihn den Menschen vor Augen, nicht vor die Augen des Leibes, sondern vor die Augen des Geistes. In ihrer Botschaft tragen sie Jesus Christus zu den Menschen.

Lassen wir uns von Paulus sagen, wie er seinen Dienst der Verkündigung versteht und erlebt. Den Korinthern sagt er: „Wir wollen nicht Herren eures Glaubens sein“ (2 Kor 1,24), „wir sind eure Knechte um Jesu willen“ (2 Kor 4,5). Keine Spur von Überlegenheit. Im Gegenteil. Er sagt: „Ich glaube, Gott hat uns Apostel auf den letzten Platz gestellt, wie Todgeweihte; denn wir sind zum Schauspiel geworden für die Welt, für Engel und Menschen“ (1 Kor 4,9).

Er erfährt Schwäche und Ohnmacht, aber verzagt nicht und fühlt sich nicht im Stich gelassen. Er erfährt: „Wenn ich schwach bin, dann bin ich stark“ (2 Kor 12,10). Denn der Herr ist bei ihm und stärkt ihn durch seinen Geist.

Beide Apostel, Petrus und Paulus, haben gelernt, ihren Auftrag zu erfüllen, nur gestärkt durch den Hl. Geist und im Wissen, der Herr ist bei uns. Er hat uns ja versprochen: „Ich bin bei euch alle Tage“ (Mt 28,20).

Von Plänen, Strategien, Bemühen um Ruhm und Ansehen hören wir nichts. Nur von ihren Mühen, Sorgen und Leiden. Aber immer wieder sind sie auch voll Freude, dass ihre Botschaft im Glauben angenommen wurde; dass sie Menschen zu Christus geführt haben. So ist die Kirche damals gewachsen. Trotz Verfolgung hat sie sich unaufhaltsam ausgebreitet.

Müssen nicht auch wir lernen, was die beiden Apostel in der Schule Jesu gelernt haben? Was taugen unsere Strategien, Strukturen, Pastoralpläne, Organisationen, alles Bemühen um Prestige und Image für unsere Aufgabe, Jesus Christus zu verkünden? Von all dem finden wir im Evangelium nichts. Das heißt nicht, wir sollten dieses menschliche Bemühen abtun oder gar verurteilen. Aber fragen müssen wir uns doch, was das beiträgt, um Christus in die Welt hinaus und in die Herzen der Menschen hinein zu tragen. Denn unser kirchliches Tun erhält dadurch Sinn, dass es hilft, den Auftrag zu erfüllen, den Christus der Kirche gegeben hat. Gerät nicht bei unserem innerkirchlichen Streiten und Machen und Fordern die Mitte aus dem Blick? Wäre es nicht an der Zeit, unsere zahlreichen kirchlichen Aktivitäten zu verschlanken? Die Mitte muss die Mitte bleiben. Das ist der gekreuzigte und auferstandene Herr, den wir zu verkünden und durch unser Leben zu bezeugen haben. Jesus Christus ist das Licht der Welt, und dieses Licht darf nicht verdunkelt werden.

Hier sind wir alle gefordert; natürlich vor allem wir Bischöfe und Priester, aber auch alle, die den Namen Christi tragen. Wir alle haben Jesus Christus vor der Welt zu bezeugen, Jesus Christus, die Mensch gewordene Liebe Gottes. Durch unser Zeugnis sollen auch wir „Licht der Welt" sein, wie uns Jesus aufgetragen hat (Mt 5,14). Diese Aufgabe ist uns allen gestellt.

Doch dazu müssen wir von Petrus und Paulus noch etwas lernen: die Liebe zu Jesus. „Herr, du weißt alles, du weißt auch, dass ich dich liebe" (Joh 21,17), sagt Petrus am Ufer des Sees Genezareth zu Jesus. Und

Paulus bekennt: „Nicht mehr ich lebe, Christus lebt in mir" (Gal 2,20). „Christus will ich erkennen und die Macht seiner Auferstehung und die Gemeinschaft mit seinem Leiden; sein Tod soll mich prägen" (Phil 3,10). Das sind keine leeren Worte. Petrus und Paulus haben sie mit ihrem Blut besiegelt und ihr Leben für Christus hingegeben, Petrus beim vatikanischen Hügel am Kreuz und Paulus an der Straße nach Ostia unter dem Schwert.

So ist die Kirche damals erstarkt und gewachsen. Wenn wir mit Petrus und Paulus lernen, was sie von Jesus gelernt haben, und von ihnen lernen, wie sie Jesus geliebt haben, dann wird die Kirche auch in unserer säkularisierten Zeit unwiderstehlich wachsen und erstarken und ihre Sendung erfüllen, Christus, das Licht, hinaustragen in die Welt und hineintragen in die Herzen der Menschen.

32.
Von Jesus geführt

Die beiden Apostel Petrus und Paulus sind ganz verschieden. Petrus war von Anfang an dabei, als Jesus öffentlich auftrat, Paulus, zunächst ein erbitterter Gegner Jesu, wurde später aber ein glühender Jünger.

Beide haben von Jesus die gleiche Sendung erhalten, Menschen für ihn zu gewinnen. Den Petrus hat Jesus zum Menschenfischer bestellt. Wie er mit dem Netz aus dem See Genesareth Fische an Land gezogen hat, soll er von nun an Menschen zu Christus hinführen. Paulus wurde von Jesus zum Apostel berufen (Gal 1,1; Apg 26,16-18), und will nun möglichst viele für ihn gewinnen (1 Kor 9,19).

Beide haben also den gleichen Auftrag von Jesus erhalten. Petrus hat vor allem unter den Juden gewirkt, Paulus unter den Heiden (Gal 2, 7-9).

Wie haben die beiden Apostel ihren Auftrag erfüllt? Sie haben den Menschen Jesus vor Augen gestellt, und zwar als den Gekreuzigten, den der Vater von den Toten erweckt hat. An die Korinther schrieb Paulus: Ich wollte bei euch nichts wissen „außer Jesus Christus, und zwar als den Gekreuzigten (1 Kor 2,2). Und vom gekreuzigten Jesus verkündet er: „Christus ist für unsere Sünden gestorben, gemäß der Schrift, und er ist begraben worden. Er ist am dritten Tag auferweckt worden, gemäß der Schrift, und erschien dem Kephas, dann den Zwölf“ (1 Kor 15,3-5). Und schon an Pfingsten hatte Petrus in seiner ersten Predigt gesagt: „Mit Gewissheit erkenne das ganze Haus Israel: Gott hat Jesus zum Herrn und Messias gemacht, den ihr gekreuzigt habt“ (Apg 2,36).

Kreuz und Auferstehung Christi, das ist der Kern ihrer Botschaft. Und was wollten sie damit den Menschen sagen? So ist Gott. Er liebt uns, und seine Liebe ist so groß, dass er seinen Sohn für uns in den Tod am Kreuz dahingab. „Gott hat die Welt so sehr geliebt, dass er seinen einzigen Sohn hingab, damit jeder, der an ihn glaubt, nicht zugrunde geht, sondern das ewige Leben hat“ (Joh 3,16). Im Brief an die Römer schreibt Paulus: „Er hat seinen eigenen Sohn nicht verschont, sondern ihn für uns alle hingegeben – wie sollte er uns mit ihm nicht alles schenken?“ (Röm 8,32). Ja, Gott schenkt uns in seinem gekreuzigten Sohn alles, nämlich sich selbst.

Das ist die Botschaft der beiden Apostel. Sie lässt sich kurz so zusammenfassen: Gott ist Liebe. Er liebt nicht nur, er ist Liebe. Liebe ist sein Wesen. Und er will uns alle teilhaben lassen an seinem Leben, das Liebe ist.

Wir können uns das gut vorstellen mit einem Bild, das wir dem hl. Bischof Irenäus verdanken, der im

2. Jahrhundert in Lyon als Martyrer gestorben ist. Er vergleicht Jesus, den Sohn Gottes, und den Hl. Geist mit zwei Händen, mit denen der Vater nach uns greift, um uns an sich zu ziehen und teilhaben zu lassen an seinem Leben. Im Gleichnis vom barmherzigen Vater, der den verlorenen Sohn in die Arme schließt, an sein Herz drückt und ihn zu sich heimholt, stellt Jesus selbst uns das vor Augen: So ist Gott.

Das ist die frohe Botschaft, die uns Jesus verkündet. Diese Botschaft hat er den Aposteln anvertraut. Petrus und Paulus haben sie in die Welt getragen und als Märtyrer in Rom mit ihrem Blut besiegelt.

Da kommen Fragen auf. Die erste Frage richtet sich an uns alle, und zwar an jeden einzelnen von uns.

Sind wir Jesus schon so begegnet, dass uns aufgegangen ist, wie sehr Gott uns liebt? Und spüren wir auch, dass er bei uns anklopft, damit wir ihm öffnen und uns von ihm beschenken lassen? Ist uns schon bewusst geworden, wie der Vater in Jesus Christus und im Heiligen Geist nach uns greift, um uns an sich zu ziehen bis an sein göttliches Herz? An seinem Herzen sollen wir einmal mit ihm in seiner dreifaltigen Liebe leben und glücklich sein für immer.

Doch das beginnt jetzt schon, nicht erst in der Ewigkeit. Dort findet unsere Gemeinschaft mit Gott ihre Vollendung. Aber jetzt schon umarmt uns Gott, um uns an sich zu ziehen.

Sind wir uns dessen bewusst, dass es in unserem Leben genau darum geht? Ergreifen wir die Hand, die Gott uns entgegenstreckt? Der hl. Paulus schreibt, er will Christus ergreifen, wie er von ihm ergriffen worden ist (Phil 3,12). Tun wir das auch?

Was das für unser tägliches Leben bedeutet, sagt uns Edith Stein mit einfachen Worten. Zu ihrer vielfältigen Tätigkeit vor ihrem Klostereintritt sagte sie, es gehe ihr immer darum, eine einfache Wahrheit zu vermitteln, nämlich wie man es macht, an der Hand Gottes zu leben.

Darum geht es, die Hand Gottes ergreifen, an ihr leben, uns von ihr führen lassen, durch unser Leben in dieser Welt und damit immer tiefer hinein in die Liebe Gottes, bis wir unseren endgültigen Platz finden am Herzen Gottes. Ist uns allen klar, dass Gott Liebe ist, und dass es in unserem Leben letztlich nur darum geht, uns mit seiner Liebe beschenken zu lassen? Das ist die erste, sehr ernste Frage, der wir uns alle stellen müssen.

Noch eine zweite Frage ergibt sich aus der Botschaft unserer beiden Apostel. Sie richtet sich an uns, an die Hirten der Kirche, die wir in der Sendung der Apostel stehen und ihre Botschaft heute zu verkünden haben. Wir sind gesandt, wie die Apostel Menschen für Christus zu gewinnen: Menschenfischer sollen wir sein, wie Jesus dem Petrus aufgetragen hat. Petrus fischte einst bei Nacht, aber fing nichts. Dann sagte Jesus zu ihm, er solle nochmals das Netz auswerfen. „Auf dein Wort hin“ antwortete Petrus und warf das Netz nochmals aus, obwohl wegen der Tageshelle keine Aussicht auf einen Fang bestand. Doch siehe, das Netz war voll, zum Zerreißen voll.

Verkünden wir Hirten das Evangelium auf eigene Faust, wie Petrus in der Nacht das Netz ausgeworfen hat? Oder werfen wir das Netz der frohen Botschaft aus, geführt von der Hand Jesu, so dass er selbst in unserer Verkündigung als Menschenfischer am Werk ist? Denn an der Erfahrung, die Petrus gemacht hat, sehen wir: Nicht wir füllen unser Netz, das macht der Herr.

Dasselbe Anliegen bewegt auch den hl. Paulus. An die Thessalonicher schreibt er, er dankt Gott, dass sie das Wort Gottes, das sie durch seine Verkündigung empfangen haben, nicht als Menschenwort, sondern – was es in Wahrheit ist – als Gottes Wort angenommen haben (2 Thess 2,13).

Liebe Schwestern und Brüder, verkündigen wir Ihnen die frohe Botschaft so, dass Sie in unserem Menschenwort Gottes Wort hören und wahrnehmen, dass der Herr selbst Sie anspricht und an Ihr Herz klopft, um Sie an sich zu ziehen?

Das ist die große Aufgabe, die Christus uns Bischöfen und Priestern anvertraut hat. Darüber müssen wir einmal Rechenschaft ablegen. Hoffentlich sind dann unsere Netze nicht leer, weil viele Menschen in unserer Verkündigung den Lockruf des Herrn vernommen haben, zu ihm zu kommen und sich von ihm haben beschenken zu lassen.

Wir schauen auf Petrus und Paulus und danken Gott, dass die Botschaft, die sie verkündet haben, auch zu uns gelangt ist und wir in dieser Botschaft das Schönste, was es gibt, vernommen haben: Gott liebt uns. Der Vater greift mit seinen beiden Händen, mit seinem Sohn Jesus Christus und dem Heiligen Geist, nach uns, um uns zu umarmen und an sich zu ziehen und auf ewig glücklich zu machen an seinem göttlichen Herzen. Lassen wir uns von ihm an sein Herz ziehen!

33.

Wie voll ist das Netz?

(Predigt zum 50. Jahrestag meiner Bischofsweihe)

Der Friede sei mit euch! Mit diesem Wort habe ich Sie zu Beginn unseres Gottesdienstes begrüßt. Vor 50 Jahren habe ich dieses Wort zum Wahlspruch meines bischöflichen Wirkens gewählt. Was hat mich dazu veranlasst?

Es ist das erste Wort, mit dem der auferstandene Herr am Osterabend in die Mitte seiner Jünger trat. Es ist ein Gruß; mehr noch, es ist eine Botschaft, die dichteste Zusammenfassung des Evangeliums: Als Friede, als Heil der Welt vom Vater geschenkt, tritt Jesus in die Mitte seiner Jünger. Der auferstandene Herr ist das Geschenk Gottes, des Vaters, an uns, das Geschenk seiner unbegreiflichen Liebe. Mehr kann er uns nicht geben. Denn in seinem auferstandenen Sohn schenkt uns Gott sich selbst in seiner göttlichen Herrlichkeit; jetzt noch verborgen, aber einst wird es offenbar.

In der Geburt aus Maria ist Gottes Sohn Mensch geworden. Doch mit der Menschwerdung war das Geschenk noch nicht fertig. Jesus musste erst durch den Tod am Kreuz eingehen in die Auferstehung und von Gottes Herrlichkeit erfüllt werden. Am Kreuz hat der Vater den Sohn in den Tod gegeben, um ihn uns dann als Auferstandenen zu schenken.

Das ist die Botschaft, die der auferstandene Herr am Osterabend seinen Jüngern verkündet und sich ihnen als Geschenk Gottes überbringt.

Was uns in diesem Geschenk zuteil wird, sagt uns Jesus in einem Bild: „Ich bin der Weinstock, ihr seid die Reben" (Joh 15,5). Das Leben des Weinstocks ist auch das Leben der Rebzweige. Das bedeutet, dass wir sein Leben mit ihm teilen dürfen. Paulus sagt dasselbe mit einem anderen Bild: Wir sind Glieder am Leibe Christi (1 Kor 12,37). Lebensgemeinschaft mit dem auferstandenen Herrn wird uns geschenkt.

Diese Botschaft, die Jesus am Osterabend den Jüngern verkündet, gilt der ganzen Welt. Darum sendet er sie aus. Dazu gibt er ihnen sogar Anteil aus seiner eigenen Sendung, die er vom Vater empfangen hat: „Wie mich der Vater gesandt hat, so sende ich euch" (Joh 20,21). Und diese Sendung geht weiter in den Nachfolgern der Apostel, in den Bischöfen, damit seine Botschaft zu allen Menschen gelange bis ans Ende der Welt.

So kommt in meinem Wahlspruch zum Ausdruck, in welcher Sendung der Bischof steht und mit welch hoher Aufgabe er betraut ist.

Um diesen großen Auftrag zu erfüllen, muss man aber sehr klein werden. Das macht Jesus dem ersten unter den Aposteln, dem Petrus, klar und mit ihm auch uns Bischöfen. Er kniet sich vor Petrus hin und wäscht ihm die Füße. Er leistet ihm Sklavendienst. Paulus nennt sich darum Sklave Jesu Christi (Röm 1,17), Leibeigener, über den der Herr verfügen kann. Wer hoch hinaus und sich selbst einen Namen machen will, ist hier fehl am Platz.

Durch den Dienst seiner Diener will Jesus selbst zu den Menschen gehen, sie zu sich holen und sie mit seinen Gaben beschenken. Er tut das Entscheidende. Das zeigt er uns am Fischfang des Petrus. Petrus war auf den See hinausgefahren, um Fische zu fangen. Doch sein Netz blieb leer. Daraufhin sagt Jesus zu ihm: „Fahr hinaus auf den See! Dort werft eure Netze zum Fang aus". Simon antwortete ihm: „Meister, wir haben die ganze Nacht gearbeitet und nichts gefangen. Doch weil du es sagst, werde ich die Netze auswerfen." Und sie fingen eine so große Menge Fische, dass die Netze zu zerreißen drohten (Lk 5,4-6). Als Petrus auf eigene Faust fischte, blieben die Netze leer. Als er aber auf Jesu Wort hin die Netze auswarf, waren sie übervoll und drohten zu zerreißen. Da sieht man, wer die Netze füllt: Jesus, nicht Petrus. Aber Jesus hat das Netz gefüllt, das Petrus ausgeworfen hatte.

Jesus hat Petrus und die Apostel gerufen, Menschenfischer zu sein. Dieser Auftrag gilt auch ihren Nachfolgern. Wir sollen das Netz auswerfen und Menschen zu Jesus hinziehen. Doch der unser Netz füllt, das ist Jesus. Wir aber müssen die Netze auswerfen, damit er sie füllen kann. Dazu sendet er uns und macht uns zu Menschenfischern.

Das Gleiche gilt auch vom Hirtendienst, den Jesus uns aufgetragen hat. Als erstem hat Jesus zu Petrus gesagt: „Weide meine Lämmer, weide meine Schafe!" (Joh 21,15-17) Diese Aufgabe ist auf uns Bischöfe übergegangen, die wir einen Teil der Herde Jesu zu leiten haben. Wir sollen gute Hirten sein und die Menschen auf den Weg des Lebens führen, den Jesus uns vorangeht. Diesen Auftrag können wir nur erfüllen, wenn wir uns zuerst von Jesus selbst wie Schafe vom Hirten führen lassen. Wir dürfen nicht unseren eigenen Weg gehen, sondern den Weg, von dem Jesus gesagt hat: „Ich bin der Weg" (Joh 14,6). Jesus selbst ist der Weg. Nur er führt ans Ziel, zu Gott, unserem Vater. Nur von Jesus geführt, können wir die Menschen zu Gott führen.

Ohne Jesus geht nichts. Das gilt für alle Bereiche des kirchlichen Lebens. Da wird viel getan, mit bester Absicht und gutem Willen. Und trotzdem gibt es viel Leerlauf. Darüber brauchen wir uns nicht zu wundern. Was wir nicht in Jesu Namen, sondern auf eigene Faust hin unternehmen, läuft ins Leere.

In diesen 50 Jahren habe ich viel Schönes erlebt, und viel Gutes ist geschehen. Ich denke an lebendige Pfarreien, tüchtige Priester und Diakone, treue Ordensleute, Laien in haupt- und ehrenamtlichen Aufgaben in Räten und Verbänden, an Familien und junge Menschen, die Leben in die Gemeinde gebracht haben. Ich kann das viele Gute gar nicht aufzählen. Gewiss sind mir auch Enttäuschungen nicht erspart geblieben. Auch habe ich immer wieder meine Grenzen erfahren.

Doch das Netz, das ich ausgeworfen habe, ist hoffentlich nicht leer geblieben. Wie gefüllt es ist, wird sich erst zeigen, wenn ich es einmal aus dem Meer dieser Welt ans Ufer der Ewigkeit ziehen werde.

Aber eine Sorge hat mich durch all die Jahre begleitet. Das ist der ständige Rückgang des kirchlichen Lebens. Immer weniger Priester, weniger Ordensleute, weniger Teilnahme am Leben der Kirche, weniger Kraft, unsere Welt im Geist des Evangeliums mitzugestalten. Dieser Trend läuft schon lange, hat aber in diesen letzten Jahrzehnten an Wucht zugenommen, so dass sich manche fragen, ob die Kirche in der modernen Welt überhaupt noch zukunftsfähig ist.

Um die Zukunftsfähigkeit der Weltkirche brauchen wir uns keine Sorge zu machen. Eine Kirche, die z. Zt. mehr Märtyrer hat als je zuvor, zeigt, dass sie stark ist. Märtyrer sind Zeichen ihrer Kraft. Und die Kirche wächst auch heute in der Welt, besonders in Afrika und Asien.

Doch der Rückgang bei uns stellt uns vor die Frage, woher diese Schwäche kommt. Nicht davon, dass sich der Herr von uns zurückgezogen hätte. Er ist treu und hat uns versprochen, alle Tage bei uns zu bleiben bis ans Ende der Welt (Mt 28,20).

Die Schwäche der Kirche kommt von uns. Was fehlt uns? Was müssen wir tun? Der Apostel Paulus sagt: „Gleicht euch nicht dieser Welt an!“ (Röm 12,2). Wir müssen uns Christus angleichen. Christen leben anders, weil sie ihr Leben nach dem Leben Jesu Christi formen. In seinem jüngsten Apostolischen Schreiben „Gaudete et Exultate“ hat uns Papst Franziskus aufgerufen, so zu leben, dass wir „etwas von Jesus Christus widerspiegeln und ihn in der Welt von heute widerscheinen lassen“ (Nr. 21). Darum müssen wir uns fragen, sind wir ein Spiegel Jesu Christi? Spürt man an uns die Freude des Evangeliums? Und geben wir diese Freude auch glaubhaft weiter, um „Licht zu bringen, zu segnen, zu beleben, aufzurichten, zu heilen, zu befreien?“ (Evangelii Gaudium 273). Wenn wir alle damit ernst machen, wird die Kirche bei uns eine neue Blüte erleben.

Ich habe Ihnen den Dienst des Bischofs dargestellt. Doch wie sieht sein Alltag aus? Diese Frage wurde mir wiederholt gestellt. Auf diese Frage hat vor 1700 Jahren Augustinus in einer Predigt zum Jahrestag seiner Bischofsweihe geantwortet. Er hat mir damit so aus der Seele gesprochen, dass ich am 50. Jahrestag meiner Bischofsweihe Ihnen mit seinen Worten antworten kann: Der Bischof „muss Unruhegeister zurechtweisen, Kleinmütige trösten, Schwache auffangen, Widersprechende widerlegen, sich vor Intriganten hüten,

Unkundige belehren, Träge wachrütteln, Streitsüchtige einhegen, Geltungssüchtige zurückdrängen, Verzweifelnde aufrichten, Zankende zur Ruhe bringen, Arme unterstützen, Unterdrückte befreien, Guten Anerkennung zuteil werden lassen, Böse ertragen – und ach, sie alle lieben!" So war das schon vor 1700 Jahren in Afrika, so ist es auch heute bei uns.

Alle lieben! Ich habe es versucht wie der Apostel Paulus, der an die Thessalonicher schrieb: „Wir sind euch freundlich begegnet: wie eine Mutter für ihre Kinder sorgt, so waren wir euch zugetan und wollten euch nicht nur am Evangelium Gottes teilhaben lassen, sondern auch an unserem eigenen Leben; denn ihr wart uns sehr lieb geworden" (1 Thess 2,7f.).

So habe ich versucht, wie Paulus den Thessalonichern den vielen Menschen, die mir zuerst in Speyer und dann in München anvertraut waren, – das waren ja viele Tausende – ein guter Hirte zu sein. Ich habe es versucht und mich bemüht, allen ein guter Hirte zu sein. Wie weit es mir gelungen ist, wird der Herr entscheiden.

Ich wollte nur eines, dass durch meinen Dienst als Knecht Jesu Christi der Auferstandene zu den Menschen kommt, wie er am Osterabend zu den Jüngern gekommen ist, und die Menschen sich von ihm beschenken lassen.

Vielen habe ich in der Rückschau zu danken, angefangen von den treuen und verlässlichen Mitarbeitern und Mitarbeiterinnen in Speyer und München bis hin zu den vielen Menschen, die meinen Ruf aufgenommen und mitgearbeitet haben, dass die Kirche lebt und ihren Auftrag an der Welt erfüllt.

Meinen Dank an die vielen Menschen nehme ich nun auf in meinen Dank an Jesus Christus, der mich zum Bischofsamt berufen und mich hineingenommen hat in die Sendung, mit der er vom Vater in die Welt gesandt wurde.

„Gelobt sei Gott für alles!" Das war das letzte Wort, das Johannes Chrysostomus sprach, als er von seinem Bischofsstuhl in Konstantinopel vertrieben im Exil starb.

Gelobt sei Gott für alles! sage auch ich heute. Aber es ist noch nicht mein letztes Wort. Es geht noch weiter. Wie lange, weiß ich nicht. Doch das weiß ich: der Herr wird kommen und an mir sein Versprechen wahrmachen: „Ich komme wieder und werde euch zu mir holen, damit auch ihr dort seid, wo ich bin" (Joh 14,3). Er ist daheim beim Vater.

Wenn er mich zu sich holen wird, dann werde ich mein Netz aus dem Meer der Zeit in die Ewigkeit ziehen. Dann wird sich zeigen, wie voll es ist. Ich hoffe und bete, dass ich dann Sie und alle, denen ich Bischof sein durfte, wiederfinde, in der Ewigkeit, dort wo Jesus daheim ist: am Herzen Gottes, des Vaters.

Amen.

Predigtverzeichnis

1.	25.12.2012	München, Mutterhaus der Barmherzigen Schwestern
2.	25.12.2013	München, Mutterhaus der Barmherzigen Schwestern
3.	25.12.2014	München, Mutterhaus der Barmherzigen Schwestern
4.	25.12.2015	München, Mutterhaus der Barmherzigen Schwestern
5.	25.12.2016	München, Mutterhaus der Barmherzigen Schwestern
6.	25.12.2017	München, Mutterhaus der Barmherzigen Schwestern
7.	05.04.2012	München, Mutterhaus der Barmherzigen Schwestern
8.	02.04.2015	München, Mutterhaus der Barmherzigen Schwestern
9.	24.03.2016	München, Mutterhaus der Barmherzigen Schwestern
10.	13.04.2017	München, Mutterhaus der Barmherzigen Schwestern
11.	19.04.2019	München, Mutterhaus der Barmherzigen Schwestern
12.	08.04.2012	München, Mutterhaus der Barmherzigen Schwestern
13.	31.03.2013	München, Mutterhaus der Barmherzigen Schwestern

14.	20.04.2014	München, Mutterhaus der Barmherzigen Schwestern
15.	05.04.2015	München, Mutterhaus der Barmherzigen Schwestern
16.	27.03.2016	München, Mutterhaus der Barmherzigen Schwestern
17.	16.04.2017	München, Mutterhaus der Barmherzigen Schwestern
18.	27.05.2012	München, Mutterhaus der Barmherzigen Schwestern
19.	19.05.2013	München, Pfarrei Maria-Ramersdorf
20.	25.05.2015	München, Frauenkirche
21.	15.05.2016	München, Mutterhaus der Barmherzigen Schwestern
22.	04.06.2017	München, Pfarrei St. Michael-Berg am Laim
23.	20.05.2018	München, Pfarrei St. Michael-Berg am Laim
24.	09.06.2019	München, Mutterhaus der Barmherzigen Schwestern
25.	16.06.2019	München, Mutterhaus der Barmherzigen Schwestern
26.	15.08.2013	München, Dom zu Unserer Lieben Frau
27.	17.08.2014	Landau i.d. Pfalz, Marienkirche
28.	15.08.2017	Ettal, Klosterkirche
29.	15.08.2018	Ettal, Klosterkirche
30.	15.08.2015	Ettal, Klosterkirche
31.	29.06.2015	München, Dom zu Unserer Lieben Frau
32.	29.06.2017	München, Dom zu Unserer Lieben Frau
33.	01.07.2018	München, Dom zu Unserer Lieben Frau